Reclam Literaturunterricht

Sachanalysen. Stundenverläufe. Arbeitsblätter

# Heinrich von Kleist
# Der zerbrochne Krug

Von Barbara Häckl

Reclam

## Abkürzungen und Symbole

EA Einzelarbeit
PA Partnerarbeit
GA Gruppenarbeit
UG Unterrichtsgespräch

* Kennzeichnung eines zusätzlichen Arbeitsauftrags, Arbeitsblatts bzw. Unterrichtsschritts (für Binnendifferenzierung)
HA Hausaufgabe

Verweis auf die zugehörige Ausgabe:
Heinrich von Kleist: Der zerbrochne Krug. Ein Lustspiel. Hrsg. von Mario Leis und Natali-Eirini Petala-Weber. Stuttgart: Reclam, 2024. (Reclam XL. Text und Kontext. 16166.)
Stellenangaben beziehen sich auf diese Ausgabe.

## Code für editierbare Arbeitsblätter und Vorlagen

Alle für den Unterricht benötigten *Arbeitsblätter* und *Vorlagen* (Bilder und Texte) sind digital auf der Webseite **www.reclam.de/lehrer_krug** zum Download verfügbar. Bitte geben Sie folgenden Code ein:

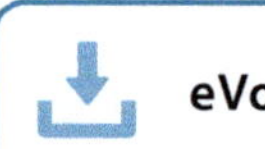




Reihenkonzept: Max Kämper

Reclam Literaturunterricht | Nr. 15818
2022 Philipp Reclam jun. Verlag GmbH,
Siemensstraße 32, 71254 Ditzingen
Druck und Bindung: Esser printSolutions GmbH,
Untere Sonnenstraße 5, 84030 Ergolding
Printed in Germany 2024
RECLAM ist eine eingetragene Marke
der Philipp Reclam jun. GmbH & Co. KG, Stuttgart
ISBN 978-3-15-015818-0
www.reclam.de

# Inhalt

## Vorbemerkung

Wenngleich Heinrich von Kleists Lustspiel *Der zerbrochne Krug* heute immer noch häufig gerade auf und von Volksbühnen als komisches Stück zur Aufführung kommt, ist sein Inhalt ein ernster, so dass dem Publikum bei einer guten Inszenierung das Lachen im Halse stecken bleiben müsste. Diese Hintergründe herauszuarbeiten sowie den Schülerinnen und Schülern zu ermöglichen, den Wortwitz und die Aktualität der Motive zu verstehen, unternimmt das vorliegende Unterrichtsmodell.

Die Konzeption ist so aufgebaut, dass – ab der zweiten Doppelstunde – in einer ersten Unterrichtsstunde stets eine teils theoretische, teils praktische Analyse und Interpretation einzelner Auftritte stattfindet, während in einer zweiten – fakultativen – Unterrichtsstunde Überlegungen zur szenischen Umsetzung angeboten werden. Diese bauen größtenteils aufeinander auf; daher sollte zu Beginn der Unterrichtseinheit entschieden werden, ob die fakultativen Teile generell unterrichtet werden. Dann könnte am Ende eine Aufführung einzelner Gruppen stehen.

## Benutzungshinweise

Der Band enthält zehn aufeinander aufbauende Unterrichtsstunden und zwei Klausuraufgaben mit Lösungsvorschlägen.

Jeder Entwurf einer Unterrichtsstunde besteht aus zwei Teilen:
- **Sachanalyse** mit einem praxisorientierten, auf den Unterrichtsverlauf bezogenen Interpretationsangebot
- **Unterrichtsverlauf** mit (a) kurzem Überblick über Thema und Ziel, (b) den Unterrichtsschritten in tabellarischer Übersicht und (c) ausführlichen Erläuterungen zu den einzelnen Unterrichtsschritten

Jede Unterrichtsstunde bietet alle für den Unterricht benötigten Materialien:
- kopierfähige **Arbeitsblätter** (ggf. mit Lösungsvorschlägen im Anhang)
- **Vorlagen** (Bilder oder Texte)
- **Tafelbilder** (Vorschläge für die mediale Präsentation)

Die Unterrichtsstunden enthalten an allen geeigneten Stellen Hinweise für
- einen möglichen **verkürzten Verlauf** (als **fakultativ** gekennzeichnete Unterrichtsschritte)
- eine mögliche **Binnendifferenzierung** (die entsprechenden Arbeitsaufträge auf erhöhtem Niveau sind mit einem Asterisk * gekennzeichnet)

**Textgrundlage** ist die Ausgabe:

Heinrich von Kleist: Der zerbrochne Krug. Ein Lustspiel. Hrsg. von Mario Leis und Natali-Eirini Petala-Weber. Stuttgart: Reclam, 2024. (Reclam XL. Text und Kontext. 16166.)

Hinweis: Die Reihe *Reclam Literaturunterricht* achtet auf gendergerechte Sprache. Aus Gründen der Lesbarkeit wird in seltenen Fällen davon abgewichen, immer sind aber alle Geschlechter gemeint.

# 1 Die Entstehungshintergründe verstehen

## Sachanalyse

Heinrich von Kleist wurde laut Kirchenbuch und Taufzeugnis am 18. Oktober 1777 geboren, er selbst datierte den Tag seiner Geburt in einem Brief vom 10. Oktober 1800 auf den 10. Oktober 1777, also acht Tage früher. Wegen der ungewöhnlichen Wortfolge in diesem Brief könnten die Worte aber auch als »Neugeburt«, da »als Bekenntnis zu einer neuen, der wahren Bestimmung«[1], dem Schreiben, verstanden werden. Biografisch folgte nach dem Brief nämlich das »Jahrzehnt der Dichtung«[2], nach kurzen Intervallen eines Universitätsstudiums sowie sieben Jahren Militärdienst. Den Militärdienst absolvierte Kleist v. a. aus familiärer Tradition, welche in vielen Werken Kleists »in auffällig gestörter oder zerstörter Form« thematisiert wird: »[U]nter den tragenden Denkfiguren dieses Dichters gebührt der Familie vornehmster Rang, ähnlich wie Natur, Eigentum, Krieg«.[3] 1793 trat Kleist also in ein »bemerkenswert teures Regiment ein, die Garde zu Fuß (Nr. 15), 3. Bataillon. [...] Im Rheinfeldzug während des I. Koalitionskrieges geriet die Garde mehrfach an den Feind. Zwei Jahre stand Kleist im Kriege, von März 1793 bis März 1795. Dann folgten noch vier Jahre Garnisonsdienst – dies die nach seiner Aussage verlorenen Jahre seines Lebens.«[4] Trotz dieser Bemerkung ist im Gesamtwerk Kleists häufig das auch den Militärdienst prägende Motiv der Auseinandersetzung zu finden, wenn nicht der kriegerischen, so doch der gerichtlichen wie in *Der zerbrochne Krug*.

Beruflich wie privat führte Kleist in den Folgejahren ein unstetes Leben. Seine 1800 erfolgte Verlobung mit Wilhelmine von Zenge, der Tochter des Garnisonshauptmanns, löste er zwei Jahre später wieder, und auch örtlich konnte oder wollte er sich nicht festlegen. Die Lektüre der Kant'schen Werke verstärkte Kleists innere Unruhe. Dessen Ausführungen über die menschliche Erkenntnis(fähigkeit) brachten Kleist zur Überlegung, dass überhaupt nichts an der Wirklichkeit objektiv erfassbar und damit real sei. »So klammerte er sich an das Gefühl als letzte handlungsbestimmende Instanz; daher die Maßlosigkeit seiner Gestalten, die sich blindlings oder traumwandlerisch ihrem Gefühl auslieferten. [...] Seine Figuren [...] scheitern am Widerspruch zwischen Gefühl und gesellschaftlicher Notwendigkeit.«[5] Das Gefühl war für Kleist der Weg hin zur ursprünglichen Natur und der dort herrschenden Harmonie, wie sie Rousseau beschrieb.[6] Dennoch war Kleist innerlich zerrissen zwischen Verstand, gesellschaftlichen Normen und Gefühl. »Von Selbstzweifeln gequält, bemüht er sich um ein Amt im preußischen Staatsdienst. 1805 erhält er eine Anstellung in Königsberg, die ihn mit den preußischen Reformern um Stein und Hardenberg in Kontakt bringt. Mit einer Beamtentätigkeit kann sich Kleist aber auf Dauer ebenfalls nicht identifizieren.«[7] Mit seiner inneren Zerrissenheit, die auch sein literarisches Schaffen prägt, ist Kleist keiner literarhistorischen Strömung eindeutig zuzuordnen; es sind Spuren der Aufklärung, aber auch des Sturm und Drang sowie der Romantik in seinem Werk erkennbar.[8]

1811 beging Kleist gemeinsam mit seiner guten Bekannten Henriette Vogel, die unheilbar an Krebs erkrankt war, Selbstmord. Die Ursachen dafür lagen sicherlich zum einen in seiner großen inneren Zerrissenheit, jedoch ebenso im beruflichen Misserfolg. Die drei seiner Werke, deren Aufführung er erlebte, erfüllten nicht die Wünsche des Publikums seiner Zeit, so dass er finanziell in Nöte kam.

Sein Lustspiel *Der zerbrochne Krug* schrieb Kleist zwischen 1803 und 1806 in Dresden, Berlin und Königsberg. Preußen, Heimat Kleists, das dem Deutschen Reich mit seinen westlichen Landesteilen, Brandenburg und Schlesien, angehörte, war in jener Zeit trotz seiner Neutralität durch den vordringenden Napoleon und dessen Reformen bedroht. »Kleist hat nach 1800 in wachsendem Maße das Gefühl, dass das politisch-gesellschaftliche System in eine Krise geraten ist. Die Stabilität der Verhältnisse, auf die man sich im reformoffenen Preußen viel einbildet, empfindet er als scheinhaft.«[9] Preußens geheime Verhandlungen mit Russland und der folgende Krieg gegen Napoleon führten 1806 zur Niederlage, nach der Preußen von Frankreich besetzt wurde. Diese gegenwärtige politische und gesellschaftliche Lage erschien Kleist vergleichbar mit der am Ende des 17. Jahrhunderts, in der vermutlich die Handlung in *Der zerbrochne Krug* anzusiedeln ist. »In beiden Gesellschaften ist das, was

1 Hans Joachim Kreutzer, *Heinrich von Kleist*, München 2011, S. 9 f.
2 Ebd.
3 Ebd., S. 10.
4 Ebd., S. 12.
5 Hans Gerd Rötzer, *Geschichte der deutschen Literatur. Epochen, Autoren, Werke*, Bamberg 1992, S. 156.
6 Vgl. Theodor Pelster, *Lektüreschlüssel. Heinrich von Kleist: »Der zerbrochne Krug«*, Stuttgart 2004, S. 65.
7 Helwig Kuhl, *Der zerbrochne Krug. Ein Unterrichtsmodell zum Lustspiel von Heinrich von Kleist*, Heilbronn 2010, S. 20.
8 Vgl. Pelster (Anm. 6), S. 69.
9 Kuhl (Anm. 7), S. 90.

Kleist die ›Ordnung der Dinge‹ nennt, nicht nur von außen durch einen mächtigen Feind gefährdet, sondern auch im Inneren: durch den Glaubwürdigkeitsverlust der staatlichen Institutionen und der bisher fraglos respektierten Autoritäten.«[10] In seinem Lustspiel kritisierte Kleist »die Willkür der patriarchalischen Gerichtsbarkeit in Preußen um 1800 auf dem Land«.[11] Diese beruhte auf einer klaren Unterteilung der Bevölkerung in erbuntertänige Bauern und adelige Gutsherren. Um deren Macht zu sichern, wurden Richter eingestellt, die die Interessen des Landadels vertraten. »Dabei kam es häufig zu Willkürakten. Betrug, Bestechungen und Mißhandlungen waren an der Tagesordnung, wobei sich die Richter je nach Interesse auf das kodifizierte (geschriebene) oder Privatrecht beriefen. Da die Bauern in der Regel Analphabeten waren, waren sie mit den rechtlichen Regelungen nicht vertraut, konnten Gesetzestexte und ›Verschreibungen‹, also Verordnungen und Verpflichtungen nicht lesen, was der Willkür Tür und Tor öffnete.«[12] Um diesen Problemen entgegenzutreten, setzten die übergeordneten königlichen Justizämter Beamte ein, die das Gerichtswesen kontrollieren sollten. Den Besuch eines solchen Gerichtsrates am 1. Februar, dem Gerichtstag, im niederländischen Dorf Huisum, dessen Namen Kleist erfunden hat, und die Aufklärung eines Falles, bei dem richterlicher Missbrauch stattgefunden hat, behandelt Kleists Lustspiel.

Die Anregung dazu erhielt Kleist möglicherweise 1802 durch die Betrachtung des Kupferstiches von Jean Jacques Le Veau *Le juge, ou la cruche casée*. Auf diesem Stich ist eine Personengruppe zu sehen, die »mit ziemlicher Genauigkeit dem Aktantenrepertoire der Komödie«[13] gleicht. Einer Legende nach betrachteten die drei Freunde Heinrich Zschokke, Ludwig Wieland, der Sohn von Christoph Martin Wieland, und Heinrich Geßner in Bern gemeinsam mit Kleist den Stich, dessen Vorlage vom französischen Maler Jean-Philibert Debucourt stammt, und schlossen eine Wette, »›seine eigentümliche Ansicht‹ (Zschokke) darüber schriftlich auszuführen. Kleist hat in der Vorrede zu seinem Stück selbst auf die Anregung durch das Bild hingewiesen, das er aus der Erinnerung beschreibt. Hier deutet er auch auf eine weitere Quelle, der er motivliche Anregungen entnahm: *Oidipus Tyrannos* (*König Ödipus*) des Sophokles.«[14]

10 Ebd., S. 21.

11 Ingo Scheller, *Unsichtbares Theater der Gewalt. Heinrich von Kleist: Der zerbrochene Krug. Vorschläge, Materialien und Verfahren zur szenischen Interpretation*, Oldenburg 1995, S. 17.

12 Ebd.

13 David E. Wellbery, »*Der zerbrochne Krug*. Das Spiel der Geschlechterdifferenz«, in: Walter Hinderer (Hrsg.), *Kleists Dramen*, Stuttgart 1997, S. 23.

14 *Kindlers neues Literaturlexikon. Hauptwerke der deutschen Literatur*, Bd. 1, München 1994, S. 481.

Dorfrichter Adam, der Protagonist im *Zerbrochnen Krug*, gleicht seiner figürlichen Vorlage nicht nur durch missgestaltete Füße (Adam hat einen Klumpfuß, »Ödipus« kann mit ›Schwellfuß‹ übersetzt werden[15]), sondern auch im Aufdecken des eigenen Vergehens. Dabei ähnelt das Lustspiel der Tragödie von Sophokles durch die analytische Struktur, die nach und nach eine bereits im Vorfeld abgelaufene Handlung zu Tage bringt. Deutliche Unterschiede sind jedoch, dass Ödipus selbst versucht, den Fall aufzudecken, wohingegen Adam eher bemüht ist, eine Aufklärung seiner Schuld zu verschleiern, sowie die dramatische Umsetzung mit den Mitteln der Tragödie (bei Sophokles) bzw. mit denen der Komödie (bei Kleist). Allerdings gehören die Hauptmotive des Richters Adam in Kleists Lustspiel, die nach und nach zu Tage treten, eher in die tragische Gattung, nämlich richterlicher Amtsmissbrauch und sexuelle Nötigung. Dass Kleist dennoch die Komödie als Genre wählte, liegt an der Art der Darstellung. Nicht nur der Stand der Figuren – größtenteils einfache Bauern – passt zur Zeit Kleists und den strengen Vorgaben Gottscheds nach keinesfalls in eine Tragödie, auch die Wahl des dörflichen Ortes sowie die Behandlung des Alltäglichen, ja des Körperlichen gehören danach in die Komödie. Und vor allem die Figurenzeichnung ist komödiantisch: Richter Adam, der sich um Kopf und Kragen lügt, Frau Marthe, die endlos über die Motivik und Herkunft ihres zerbrochenen Kruges schwadroniert, Frau Brigitte, die den Teufel als Besucher Eves vermutet etc. Über die Figuren kann das Publikum lachen, doch ist »[d]as Lachen, das durch die Komödie ausgelöst wird, [...] nicht Selbstzweck, sondern Mittel, auf Unzulänglichkeiten der Menschen, der gesellschaftlichen Zustände oder gar der Welt im Ganzen hinzuweisen«.[16] Hinzu kommt der gute Ausgang des Lustspiels, vor allem die Versöhnung des Liebespaares, das ebenfalls für die Einordnung als Komödie spricht.

Im Frühling 1807 war Kleists *Der zerbrochne Krug* fertiggestellt, und Kleist wurde nach der Niederlage Preußens gegen Frankreich wegen angeblicher Spionage inhaftiert. Sein Freund, der Publizist Adam Müller, schickte das Manuskript an Goethe, der das Lustspiel am 2. März 1808 in Weimar zur Uraufführung brachte. »Wie bekannt, fiel es bei seiner Weimarer Uraufführung am 2. März 1808 unter Goethes Leitung, der das einaktige Drama auf drei Akte streckte und ihm dazu noch eine ›Oper in einem Aufzuge‹ voranstellte, völlig durch, ja es wurde – was in Weimar ein einmaliges Ereignis war – laut und vernehmlich ausge›pocht‹.«[17] Die Gründe dafür werden bis heute

15 Vgl. Pelster (Anm. 6), S. 19.

16 Ebd., S. 5.

17 Albert M. Reh, »Der komische Konflikt in dem Lustspiel *Der zer-*

diskutiert. Sie liegen zum einen an der »Handlungsarmut des Stücks«[18], aber auch daran, dass dem Lustspiel nicht nur eine Oper vorangestellt wurde, sondern dieses in drei Akte mit zwei Pausen unterteilt worden war. Hinzu kam, dass der zwölfte Auftritt in der 514 Verse umfassenden heute »Variantversion« genannten langen Fassung gespielt wurde und nicht in der gekürzten Version.

*Der zerbrochne Krug* wurde 1811 als Buchausgabe herausgegeben. Als für die Vermarktung problematisch erwies sich jedoch das Bekanntwerden von Kleists Selbstmord. »Positive Urteile waren in dieser Zeit nur bei den engsten Freunden des Autors – vor allem bei den Romantikern Brentano, Tieck und Fouqué – zu verzeichnen.«[19] Erst seit 1820 erfuhr das Stück die Würdigung, die es verdiente, als es in einer gekürzten Fassung in Hamburg auf die Bühne gebracht wurde.[20]

*brochne Krug*«, in: Walter Hinderer (Hrsg.), *Kleists Dramen. Neue Interpretationen*, Stuttgart 1981, S. 93.

18 Helmut J. Schneider, »*Der zerbrochne Krug*«, in: Ingo Breuer (Hrsg.), *Kleist Handbuch. Leben – Werk – Wirkung*, Stuttgart 2013, S. 40.

19 Pelster (Anm. 6), S. 76 f.

20 Vgl. Bernd Hamacher, *Erläuterungen und Dokumente. Heinrich von Kleist: »Der zerbrochne Krug«*, Stuttgart 2010, S. 94 f.

## Unterrichtsverlauf

**Überblick.** Anhand eines Gruppenpuzzles erhalten die Schülerinnen und Schüler erstes Vorwissen zu Autor, Gattung des Lustspiels und historischen Hintergründen, das eine spätere literarhistorische Einordnung sowie Deutung erleichtert.

| Phase | Thema | Sozialform | Kompetenzen und Lernziele | Materialien |
|---|---|---|---|---|
| **Voraussetzungen: keine** | | | | |
| 1.1 | Einstieg: Bildbetrachtung | UG | • Interesse für das Thema entwickeln<br>• Einen Bezug zu den Figuren des Werks schaffen | VORLAGE 1 ➤ S. 8 |
| 1.2 | Einführung in Leben, Zeit und Werk Kleists | GA | • (Vor-)Wissen erwerben<br>• Plakate erstellen<br>• Andere informieren | ARBEITSBLATT 1a ➤ S. 10 f.<br>ARBEITSBLATT 1b ➤ S. 12 f.<br>ARBEITSBLATT 1c ➤ S. 14 f.<br>ARBEITSBLATT 1d ➤ S. 16 f.<br>ARBEITSBLATT 1e ➤ S. 18–20 |
| HA | Lesen des ersten Auftritts | | | *Der zerbrochne Krug*, Reclam XL, 1–162 |

## 1.1 Einstieg: Bildbetrachtung

UG

VORLAGE 1

➤ S. 8

**Unterrichtsschritt.** Die Schülerinnen und Schüler beschreiben und interpretieren im Plenum den Kupferstich, der Kleist vermutlich zu seinem Lustspiel angeregt hat (VORLAGE 1 ***Jean-Jacques le Veau, »Le juge, ou la cruche cassée«***, auch in Reclam XL, S. 112).

Leitfragen:

- Was ist auf dem Bild zu sehen? Beschreiben Sie das Bild möglichst neutral und genau.
- Um welche Personen könnte es sich handeln? In welcher Beziehung stehen sie zueinander? Wo befinden sich die Personen? Um was könnte es gehen?
- Nehmen Sie den Titel des Werks von Heinrich von Kleist *Der zerbrochne Krug* zu Ihrer Deutung hinzu! Was ist wohl geschehen und was wird im Bild gezeigt?

**Erläuterungen.** Zur Vorgehensweise: Mit der Beschreibung und Interpretation des Kupferstichs vollziehen die Schülerinnen und Schüler die möglichen Gedankengänge Kleists nach und werden zugleich mit den Hauptfiguren bekannt. Die Schülerinnen und Schüler entwickeln erste Vermutungen zum Inhalt des Dramas. Ein Rückgriff auf den Kupferstich wird bei einem der in Schritt 1.2 folgenden Arbeitsblätter vorgenommen.

Zum Kupferstich: »Auf dem Kupferstich von Le Veau zeigt eine ältere, offensichtlich erregte Frau mit dem ausgestreckten Zeigefinger der rechten Hand auf einen jungen Mann, dessen Haltung und Mienenspiel auf starke Verlegenheit schließen lassen. Die Frau zerrt an seinem Obergewand, während sie heftig auf eine stumm lauschende Amtsperson – den Gerichtsschreiber, wie man annehmen darf – einspricht. Der Schreiber sitzt an einem

VORLAGE 1

Jean Jacques le Veau (1729–1786), *Le juge, ou la cruche cassée*, Kupferstich nach einem Gemälde von Louis Philibert Debucourt (1755–1832). Burgerbibliothek Bern, Gr. C.285

Tisch, den ein bis auf den Boden reichendes Tuch versteckt. Zwischen beiden, in den Mittelgrund gerückt, thront der Richter; das Kinn auf den Ballen der rechten Hand gestützt, die Linke lässig auf der Sessellehne ruhend, scheint er ganz Auge und Ohr. Einige der Verhandlung teils aufmerksam folgende, teils mit Desinteresse begegnende Personen bereichern die Szenerie. Der junge Mann hat mit einer als ebenso widerstrebend wie begütigend zu verstehenden Geste seine Hand auf den Oberarm der Alten gelegt. Schwerer zu deuten ist der sie bedenkende Blick der jungen Frau, die, rechts von der Alten – im Bild linkerhand, der Mitte zu – postiert, einen offensichtlich geborstenen Krug am Unterarm trägt. Auf diesen Krug deutet ein Mann, der ein längliches Beweisstück in die Höhe hält. Ihre ergebene Haltung und das Corpus delicti an ihrem Arm lassen über den Gegenstand der Verhandlung kaum Zweifel aufkommen. Das erwartete Kind braucht einen Vater: So wird man das Thema von *La juge ou la cruche cassée* verstehen dürfen« (Ulrich Schödlbauer, »Heinricht von Kleist. Der zerbrochne Krug«, in: *Reclam Interpretationen. Dramen des 19. Jahrhunderts*, Stuttgart 1997, S. 39 f.). Der Stich zeigt noch mehr: links im Bild, eine eigene Gruppe bildend, vornehm gekleidete Personen, die sich an einer Tür begegnen, im Hintergrund eine Frau, möglicherweise eine Kupplerin, die mit den Fingern einen Preis anzeigt (vgl. Kreutzer, Anm. 1, S. 49 f.); rechts im Hintergrund zahlreiche weitere Personen am Ausgang nach draußen. So stellt die Gerichtsszene den mittleren (größeren) Teil im Vordergrund eines dreigeteilten Bildes dar. »Die ›Erfindung‹ Kleists, d. h. die thematisch-kompositorische Grundkonstellation des Lustspiels, weicht also von Inhalt und Aufbau des Bildes von Debucourt stark ab« (ebd.).

## 1.2 Einführung in Leben, Zeit und Werk Kleists

GA

**Unterrichtsschritt.** Im nächsten Unterrichtsschritt erwerben die Schülerinnen und Schüler mit Hilfe von ARBEITSBLATT 1a bis ARBEITSBLATT 1e (***Leben und Werk Heinrich von Kleists*, *Merkmale und Geschichte der Komödie*, *Zur Entstehungsgeschichte des »Zerbrochnen Krugs«*, *Rezeption des »Zerbrochnen Krugs«*, *Zeitgeschichtliche Hintergründe***) in einem Gruppenpuzzle Vorwissen, um das Drama literarhistorisch besser einordnen und schließlich interpretieren zu können.

ARBEITSBLATT 1a ➤ S. 10 f.
ARBEITSBLATT 1b ➤ S. 12 f.
ARBEITSBLATT 1c ➤ S. 14 f.
ARBEITSBLATT 1d ➤ S. 16 f.
ARBEITSBLATT 1e ➤ S. 18–20

**Alternative.** Die Arbeitsblätter können – wenn mehr Zeit zur Verfügung steht – auch als Lernzirkel durchgeführt werden.

**Erläuterungen** zur Methodik. Im Gruppenpuzzle wird die Klasse in fünf etwa gleichstarke Gruppen eingeteilt. In jeder Gruppe wird ein Themenbereich a, b, c, d oder e inhaltlich aufbereitet: Jeder Schüler, jede Schülerin erstellt selbstständig einen Stichwortzettel sowie ein Übersichtsblatt zum Inhalt (Plakat), um andere über das Thema umfassend informieren zu können. Nach dieser ersten Runde, die etwa 20 Minuten dauern sollte, erfolgt eine andere Gruppenzusammenstellung mit (mindestens) fünf Personen: Nun soll in jeder Gruppe mindestens ein Schüler bzw. eine Schülerin für jedes Thema vorhanden sein; es ist aber kein Problem, wenn zwei oder mehr Schüler ein Thema vertreten. In der Gruppe sind also mindestens je einmal a, b, c, d und e vertreten. Innerhalb der neuen Gruppenzusammensetzung muss nun das eigene Thema der Gruppe anschaulich präsentiert werden, so dass jeder aus der neuen Gruppe jedes Thema kennt.

### Hausaufgabe

In häuslicher Lektüre lesen die Schülerinnen und Schüler den 1. Auftritt (*Der zerbrochne Krug*, Reclam XL, 1–162).

## 1. Gruppe: Leben und Werk Heinrich von Kleists

Heinrich von Kleist. Kreidezeichnung von Wilhelmine von Zenge, 1806

Das Geburtsdatum von Bernd Heinrich Wilhelm von Kleist ist nicht ganz sicher. Der Autor wurde am 10. oder 18. Oktober 1777 in Frankfurt an der Oder in eine Familie des pommerschen Uradels und vieler Offiziersahnen hineingeboren. Sein Vater, Joachim Friedrich von Kleist (1728–1788), war zum zweiten Mal verheiratet mit Juliane Ulrike von Pannwitz (1746–1793), da seine erste Frau nach der Geburt von zwei Töchtern früh verstorben war. Aus dieser zweiten Ehe stammen drei Töchter und zwei Söhne.

Bereits im Alter von 15 Jahren trat Heinrich von Kleist in die preußische Armee ein. Er nahm u.a. am Rheinfeldzug 1792 gegen Frankreich teil. Er leistete danach noch einige Jahre Garnisonsdienst, bis er 1799 aus dem Militär zugunsten eines Jura-Studiums in Frankfurt (Oder) ausschied.

Im Frühling des Jahres 1800 verlobte er sich mit der Tochter des dortigen Garnisonschefs, Wilhelmine von Zenge. Allerdings fühlte sich Kleist schnell eingeengt von seiner Braut und löste das Verlöbnis schon 1802 wieder. Auch örtlich und beruflich mochte Kleist sich nicht festlegen. Er studierte drei Semester Natur- und Rechtswissenschaften, fand nach Jahren in der Schweiz und Weimar schließlich in Berlin Anstellung im Staatsdienst im Finanzministerium, wo er ebenfalls nur kurz blieb. 1807 verbrachte er nach der Niederlage Preußens 1806 einige Monate in französischer Kriegsgefangenschaft. Eine

Konstante in seinem unsteten Leben bildete seine fortwährende schriftstellerische Tätigkeit. Seine Versuche, in Dresden und Berlin Zeitschriften bzw. Zeitungen zu veröffentlichen, scheiterten allerdings nach kurzer Zeit. Kleist selbst zweifelte wegen der schlechten Rezensionen und der negativen Aufnahme durch das Publikum häufig an seinen eigenen schriftstellerischen Leistungen. Hinzu kamen Geldsorgen. Nach möglicherweise depressiven Schüben nahm sich Kleist im November 1811 gemeinsam mit seiner Freundin Henriette Vogel, die unheilbar an Krebs erkrankt war, das Leben.

Zu Lebenszeiten erlebte Kleist selbst keine einzige Aufführung seiner Dramen; die drei Werke, die in jener Zeit auf die Bühne gebracht worden waren, hatten wenig Erfolg. Dies lag zum Teil an seinem unsteten Lebenswandel, den das Publikum nicht nachvollziehen konnte, zum anderen Teil an den ungewohnten Inhalten, die den zu jener Zeit herrschenden Maßstäben nicht entsprachen. Erst später wurde deren Potenzial erkannt.

Während seine Werke keiner der zu jener Zeit herrschenden literarischen Epochen klar zuzuordnen sind, wird aus ihnen deutlich, wie sehr Kleist von den Ausführungen des Philosophen Immanuel Kant (1724–1804) beeinflusst wurde. Dessen Darlegungen über die menschliche Erkenntnisfähigkeit brachten Kleist zur Auffassung, dass nichts an der Wirklichkeit objektiv mit dem Verstand erfassbar sei. Daher spielt das Gefühl in seinem Werk eine entscheidende Rolle, zumal Rousseaus Überlegungen zum Wunsch des Menschen nach Harmonie mit der Natur sowie den Mitmenschen Kleists Streben hin zu einem einfachen bäuerlichen Leben leiteten. Entsprechend gefühlsgetrieben agieren seine Figuren, da für Kleist das Gefühl der Schlüssel zu diesem Ziel zu sein schien. Ihr Scheitern ist bedingt durch die Unvereinbarkeit von Gefühl und gesellschaftlichen Erfordernissen.

Beispiele für seine Werke und die Unmöglichkeit, sie zu einer literarischen Epoche klar zuzuordnen, sind das Lustspiel *Der zerbrochne Krug*, in dem er in der Vorrede den Zusammenhang mit dem antiken Drama hervorhebt, die Novelle *Michael Kohlhaas*, die an Schillers Erzählung *Der Verbrecher aus verlorener Ehre* aus dem Sturm und Drang erinnert, oder die Erzählung *Das Erdbeben in Chili*, die romantische Elemente beinhaltet.

**Arbeitsaufträge:**

1. Lesen Sie den Text und fassen Sie diesen in Stichpunkten zusammen, so dass Sie ein Kurzreferat über dessen Inhalt halten könnten. Erstellen Sie zur Veranschaulichung ein kleines Plakat/Merkblatt, das die wesentlichen Aussagen des Textes erfasst.

*2. Ergänzen Sie Ihr Plakat/Merkblatt mit weiteren Informationen aus den Auszügen aus der Kleist-Biografie von Sabine Doering (*Der zerbrochne Krug*, Reclam XL, S. 106–109).

## 2. Gruppe: Merkmale und Geschichte der Komödie

Die Komödie ist neben der Tragödie die wichtigste Form der dramatischen Gattung. Der Begriff »Komödie« stammt aus dem Altgriechischen und bezeichnete ursprünglich einen Schauspieler, der dem Publikum Unterhaltsames präsentiert zu Ehren des Gottes Dionysos.

In einer Komödie werden menschliche Schwächen übertrieben dargestellt, so dass das Publikum zum Lachen, aber auch Nachdenken angeregt wird, da meist Kritik hinter der Belustigung verborgen ist. Während die Tragödie eher die Gefühlsebene anspricht, richtet sich die Komödie daher an den Verstand. Es werden in ihr stärker Personentypen dargestellt, weniger das Individuum in seinem Einzelschicksal. Das Handeln dieser Typen wird übertrieben negativ gezeichnet, so dass diese lächerlich wirken. Das gesamte Geschehen jedoch endet positiv.

Erste Belege für ein Auftreten der Komödie gibt es seit 486 v. Chr. in Athen in Griechenland. Auch diese frühe Form der *griechischen Komödie* war bereits durch zeitgemäße Kritik in meist derbem Ton und amüsantem Kleid gekennzeichnet. Ein weiteres Merkmal war die Versform. Einer der bedeutendsten Autoren antiker Komödien war Aristophanes (um 450 – um 380 v. Chr.). Der Philosoph Aristoteles (384–322 v. Chr.) legte in seiner *Poetik* fest, dass in der Komödie die handelnden Figuren aus unteren Schichten stammen, in der Tragödie dagegen aus Adeligen bestehen mussten, da deren Sturz das Publikum besonders stark beeindruckte. Das ist die sogenannte »Ständeklausel«, die bis ins 18. Jahrhundert beachtet wurde.

Im Mittelalter erfolgte jedoch kein Rückgriff auf die antike Tradition; stattdessen gab es eine Art belustigender Spiele, z. B. die *Nürnberger Fastnachtsspiele*. Die handelnden Figuren kamen aber aus unteren Schichten, waren z. B. Bauern, Diener und Handwerker, so dass auch hier die Aristotelische »Ständeklausel« Beachtung fand. Ende des 15. Jahrhunderts wurde durch die *Commedia dell'arte* ausgehend von Italien eine Art Improvisationstheater durch Wandertheater in ganz Europa verbreitet. Hierbei standen zwar bestimmte Charaktere und Handlungsabläufe fest, der konkrete Inhalt jedoch wurde spontan gespielt.

Die *romantische Komödie*, die z. B. in England von Shakespeare (1564–1616) perfektioniert wurde, zeichnet z. T. derb-ironisch Typen in ihrer komischen sowie tragischen Ausprägung. Beispiele dafür sind *Viel Lärm um nichts* (1598) sowie *Wie es euch gefällt* (1599).

In Frankreich verarbeitete Molière (1622–1673) die Verbindung von komödiantischen Merkmalen mit den Anforderungen der französischen Klassik (Einhaltung der sogenannten »drei Einheiten« von Zeit, Ort und Handlung, die ebenfalls Aristoteles vorgegeben hatte; Alexandriner als Versform) zur *Charakterkomödie*. Neben Kritik an der Gesellschaft werden darin menschliche Schwächen in ihrer Rivalität zu natürlichen und moralischen Vorgaben thematisiert. Beispiele für Molières Komödien sind z. B. *Le Misanthrope* (1666), *Tartuffe* (1667) oder *Der eingebildete Kranke* (1673).

In der Zeit der Aufklärung im 18. Jahrhundert erhielt die Komödie eine neue Funktion als »Lehrkraft«: Die Komödie zeigte vernünftiges Verhalten und bezog die Emotionen mit ein, um ihre didaktische Rolle zu erfüllen. Johann Christoph Gottsched (1700–1766) forderte in seiner Dramentheorie die Abkehr von den eher derben Spieltraditionen der ländlich-traditionellen Wanderbühnen und orientierte sich an den französischen Vorgaben. Er geriet dabei in Streit mit Gotthold Ephraim Lessing (1729–1781), der auch bürgerliche Figuren in Tragödien sehen wollte. Mit dessen *Minna von Barnhelm* (1767) entstand eine erste deutsche Komödie, die typische Komödienelemente wie Zeitkritik, Aufzeigen von Charaktertypika sowie Intrigen enthielt und damit den Weg ebnete zur Entwicklung eines *deutschen Nationaltheaters*.

Heinrich von Kleists Komödien *Der zerbrochne Krug* (1811) sowie *Amphitryon* (1808) führten die deutsche Komödientradition weiter.

Im 19. Jahrhundert entstand die *soziale Komödie*, die mit Milieudarstellungen Gesellschaftskritik zeichnete, z. B. durch Gustav Freytag *Die Journalisten* (1858), Gerhart Hauptmann *Biberpelz* (1893) oder Carl Zuckmayer *Der Hauptmann von Köpenick* (1931). Die Komödie verfolgte verstärkt Realitätskritik und wurde damit radikaler im Ton.

Die Bezeichnung »Lustspiel« wird häufig synonym mit dem Begriff Komödie verwendet. Das Lustspiel unterscheidet sich jedoch insofern von der Komödie, als sich darin das Publikum nicht mit den agierenden Personen identifiziert, sondern diese von einer sozusagen »höheren Warte« aus belacht. Die Figuren an sich sind nicht per se lustig, lediglich das Wissen um deren Verstrickungen regt zur Heiterkeit und zum Lachen an. Die Handlung ist im Alltag der Figuren angesiedelt.

**Arbeitsaufträge:**

1. Lesen Sie den Text und fassen Sie diesen in Stichpunkten zusammen, so dass Sie ein Kurzreferat über dessen Inhalte halten könnten. Erstellen Sie zur Veranschaulichung ein kleines Plakat/Merkblatt, das die wesentlichen Aussagen des Textes erfasst.

*2. Ergänzen Sie Ihr Plakat/Merkblatt um Gemeinsamkeiten und Unterschieden zur Komödie, die Sie heute z. B. aus dem Fernsehen kennen.

## 3. Gruppe: Zur Entstehungsgeschichte des *Zerbrochnen Krugs*

**Arbeitsauftrag:**
1. Lesen Sie die »Vorrede« zu Heinrich von Kleists *Der zerbrochne Krug* (Reclam XL, S. 3).

Heinrich von Kleist spielt darin auf zwei Dinge an, die ihn beim Schreiben beeinflusst haben: den Kupferstich, den er »vor mehreren Jahren in der Schweiz sah« sowie »den Ödip«.

Angeblich habe im Frühling des Jahres 1802 in Bern ein Wettstreit der drei Autoren Heinrich Zschokke, Ludwig Wieland und Heinrich von Kleist stattgefunden. Jeder sollte das Motiv des Kupferstichs in eine andere Form der schriftlichen Darstellung verwandeln, Zschokke in eine Erzählung, Wieland in eine Satire und Heinrich von Kleist in ein Lustspiel.

Tatsächlich lassen die auf dem Kupferstich in der Mitte dargestellten Figuren recht genau die des Lustspiels von Kleist erkennen, eine Beeinflussung durch den Kupferstich kann also vermutet werden: Eine ältere Frau zeigt auf einen jungen Mann, der verlegen wirkt. Während sie am Obergewand des Jungen zerrt, hat dieser eine Hand begütigend auf ihren Oberarm gelegt. Die Frau redet, nach vorne gebeugt, auf eine am Tisch sitzende Amtsperson ein, die ein Gerichtsschreiber sein könnte. Dazwischen sitzt der Richter, der zuzuhören scheint. Eine seitlich stehende junge Frau hat einen offenbar kaputten Krug im Arm und sieht auf die Szenerie. Ein älterer Mann neben ihr hat einen länglichen Gegenstand in der Hand, den er nach oben reckt. Offenbar beschuldigt die ältere Frau den jungen Mann vor Gericht, den Krug beschädigt zu haben. Der Kupferstich geht auf ein Gemälde des französischen Malers Jean Philibert Debucourt zurück.

»Der Ödip« – der zweite Einfluss auf Kleists Lustspiel – bezieht sich auf das antike Drama *König Ödipus* (429–425 v. Chr.) von Sophokles. Darin wird gezeigt, dass Menschen ihrem Schicksal nicht entgehen können, auch wenn sie es versuchen. Um diese Tragödie zu verstehen, ist es notwendig, die Vorgeschichte zu kennen: Das Baby Ödipus wird von seinem Vater Laios, König von Theben, verstoßen, da diesem eine Ermordung durch seinen eigenen Sohn sowie dessen Heirat mit seiner Frau, also der eigenen Mutter, vom Orakel von Delphi prophezeit wurde. Ödipus werden die Füße durchstochen, damit er nicht laufen kann (der Name »Ödipus« kann mit ›Schwellfuß‹ übersetzt werden), und er wird einem Hirten gegeben, der ihn töten soll. Dieser aber hat Mitleid mit dem Kind und übergibt dieses anderen Hirten, die es wiederum an das Königspaar von Korinth weiterreichen, wo Ödipus schließlich aufwächst. Als Ödipus von dem Orakelspruch erfährt, verlässt er seine vermeintlichen Eltern, damit sich der Orakelspruch nicht erfülle. Unwissend kehrt er dabei in seine Heimat zurück. Auf dem Weg dorthin gerät er in Streit mit einem anderen Fuhrwerk und tötet dessen Insassen, nicht ahnend, dass darunter sein tatsächlicher Vater Laios war. Ödipus kann vor Theben die Sphinx überlisten, die die Thebaner lange terrorisiert hatte, und wird daher als Nachfolger von Laios eingesetzt. Als solcher erhält er auch dessen Ehefrau, Iokaste, zugleich seine leibliche Mutter, zur Frau. Beide bekommen vier Kinder, ohne zu wissen, dass sie blutsverwandt sind. Das Drama selbst behandelt nun die Aufdeckung des Vatermordes, die durch Ödipus selbst in Auftrag gegeben wird, da eine Seuche über Theben herrscht, die laut Orakel nur durch die Aufklärung des Mordes beseitigt werden könne. Nach Bedrohung durch Ödipus lüftet ein blinder Seher schließlich das Geheimnis, dass Ödipus selbst der Mörder seines Vaters Laios ist. Iokaste erkennt daraufhin – auch angesichts der Narben an den Füßen von Ödipus – die Erfüllung des damaligen Orakelspruches und erhängt sich. Ödipus sticht sich die Augen aus.

Das Besondere an diesem Drama ist, dass Verbrecher und Aufklärer eine Person sind, und dass erst langsam ein der momentanen Handlung vorangehendes Ereignis aufgedeckt wird.

Das auf diesen Vorlagen basierende Lustspiel *Der zerbrochne Krug* wurde von Heinrich von Kleist 1803 in Dresden begonnen, 1805 in Berlin fortgesetzt und 1805 in Königsberg vollendet.

**Arbeitsaufträge:**

2. Lesen Sie den Text und fassen Sie diesen in Stichpunkten zusammen, so dass Sie ein Kurzreferat über dessen Inhalte halten könnten. Erstellen Sie zur Veranschaulichung ein kleines Plakat/Merkblatt, das die wesentlichen Aussagen des Textes erfasst.

*3. Vergleichen Sie die Darstellung der Personen in Kleists »Vorrede« (*Der zerbrochne Krug*, Reclam XL, S. 3) mit dem Kupferstich von Le Veau (S. 112).

## 4. Gruppe: Rezeption des *Zerbrochnen Krugs*

Nachdem Kleist wegen angeblicher Spionage in Frankreich inhaftiert worden war, sandte Adam Müller, ein mit Kleist befreundeter Publizist, die Komödie an Goethe, der das Werk am 2. März 1808 in Weimar auf die Bühne brachte. Am 14. März konnte man in der *Zeitung für die elegante Welt* zur Uraufführung lesen:

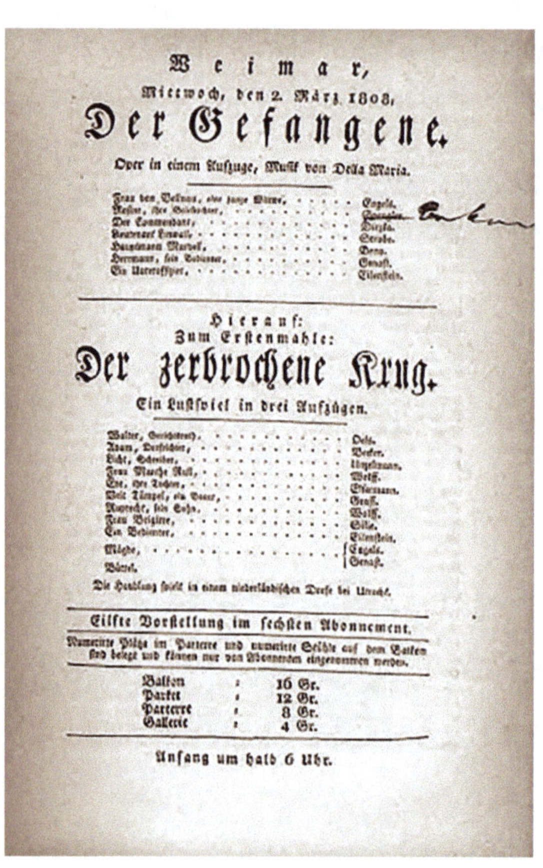

Weimar,
Mittwoch, den 2. März 1808,
Der Gefangene.
Oper in einem Aufzuge, Musik von Della Maria.

Hierauf:
Zum Erstenmahle:
Der zerbrochene Krug.
Ein Lustspiel in drei Aufzügen.

Walter, Gerichtsrath, . . . . . Oels.
Adam, Dorfrichter, . . . . . Becker.
Licht, Schreiber, . . . . . Unzelmann.
Frau Marthe Rull, . . . . . Wolff.
Eve, ihre Tochter, . . . . . Elsermann.
Veit Tümpel, ein Bauer, . . . . . Genast.
Ruprecht, sein Sohn, . . . . . Wolff.
Frau Brigitte, . . . . . Eille.
Ein Bedienter, . . . . . Eilenstein.
Mägde, . . . . . Engels.
Büttel. . . . . . Genast.

Die Handlung spielt in einem niederländischen Dorfe bei Utrecht.

Eilfte Vorstellung im sechsten Abonnement.

Numerirte Plätze im Parterre und numerirte Stühle auf dem Balkon sind belegt und können nur von Abonnenten eingenommen werden.

Balkon : 16 Gr.
Parket : 12 Gr.
Parterre : 8 Gr.
Gallerie : 4 Gr.

Anfang um halb 6 Uhr.

»*Aus Weimar.* Neulich wurde hier zur Fastnacht ein neues burleskes Lustspiel von Herrn *v. Kleist* gegeben: ›der zerbrochene Krug‹. Die Geschichte des Stücks ist wirklich komisch, und es würde gewiß sehr gefallen haben, wenn es auf einen Akt zusammengedrängt und alles gehörig in lebhafte Handlung gesetzt wäre. Stattdessen ist es aber in drei lange Akte abgeteilt, und besonders wird im letzten Akte so entsetzlich viel und alles so breit erzählt, daß dem sonst *sehr geduldigen* Publikum der Geduldfaden endlich ganz riß, und gegen den Schluß ein solcher Lärm sich erhob, daß keiner imstande war, von den ellenlangen Reden auch nur eine Silbe zu verstehn. Unsre neuesten Poeten von Talent sind so stolz, daß sie glauben, dem Publikum alles bieten zu können, und daß sie meinen, es müsse sich schon geehrt fühlen, wenn man sich nur herablasse, ihm etwas zum Besten zu geben.«

Bernd Hamacher: Erläuterungen und Dokumente. Heinrich von Kleist: »Der zerbrochne Krug«. Stuttgart 2010. S. 76 f.

**Arbeitsauftrag:**

1. Lesen Sie die Rezension. Betrachten Sie anschließend den Programmzettel der Uraufführung und überlegen Sie sich weitere Gründe, die eventuell das Scheitern der Uraufführung verursacht haben. Lesen Sie anschließend hier weiter.

Warum der *Zerbrochne Krug* bei der Uraufführung solch schlechte Aufnahme beim Publikum fand, ist bis heute nicht vollständig klar. Vermutet wird, dass durch die Eröffnung des Abends mit der Oper *Der Gefangene* das Publikum bereits etwas ermüdet war. Goethe hatte ferner Kleists Lustspiel mit zwei Pausen unterteilt, die das Stück in die Länge zogen. Zu jener Zeit wurde es außerdem in der langen Fassung vorgeführt, die den »Variant« beinhaltete, eine Szene, die später von Kleist von 514 Versen auf 56 gekürzt worden war.

Trotz der missglückten Uraufführung wurde der *Zerbrochne Krug* gedruckt und erschien 1811. Allerdings wurde der Erfolg der Buchausgabe durch den Selbstmord Kleists geschmälert; eine Selbsttötung war zur damaligen Zeit ein Verbrechen und führte z. B. dazu, dass der Selbstmörder nicht innerhalb der Friedhofsmauern begraben werden durfte.

In einer gekürzten Fassung wurde das Werk erst 1820 in Hamburg erneut aufgeführt und erzielte diesmal großen Erfolg. Der Hamburger Theaterdirektor Friedrich Ludwig Schmidt berichtet in seinen Erinnerungen:

»Am 28. September 1820 wagte ich ein Experiment, welches vor Jahren selbst Goethe völlig missglückt war, nämlich: Heinrich von Kleists Lustspiel ›der zerbrochene Krug‹ auf die Bühne zu bringen. Ich hatte dasselbe in Einen Akt zusammengezogen und passend gekürzt; in dieser Form gefiel es so sehr, dass es bald ein Lieblingsstück des Publikums wurde, welches mich als Dorfrichter Adam immer sehr ausgezeichnet hat; anerkennend gedenken muss ich auch des trefflichen Genrebildes, welches Frau Marschall als Bäuerin Martha lieferte. Andere Bühnen gaben (und geben) den ›zerbrochenen Krug‹ gleichfalls nach meiner Einrichtung, welche daher wohl das Verdienst hat, das originelle Lustspiel des herrlichen, nie genug gewürdigten Dichters dem deutschen Repertoire gewonnen zu haben.«

Denkwürdigkeiten des Schauspielers, Schauspieldichters und Schauspieldirectors Friedrich Ludwig Schmidt. Nach hinterlassenen Entwürfen zusammengestellt und hrsg. von Hermann Uhde. Stuttgart: Cotta, 1878. S. 148.

**Arbeitsaufträge:**

2. Lesen Sie den Text und fassen Sie diesen in Stichpunkten zusammen, so dass Sie ein Kurzreferat über dessen Inhalte halten könnten. Erstellen Sie zur Veranschaulichung ein kleines Plakat/Merkblatt, das die wesentlichen Aussagen des Textes erfasst.

*3. Beginnen Sie mit der Lektüre des 1. Auftritts von Heinrich von Kleist, *Der zerbrochne Krug*.

# 5. Gruppe: Zeitgeschichtliche Hintergründe

**Die Niederlande am Ende des 17. Jahrhunderts**
(vermutete Handlungszeit des *Zerbrochnen Krugs*)

Die nördlichen Provinzen der Niederlande erlangten im Westfälischen Frieden von 1648 ihre Unabhängigkeit von Spanien und gaben sich die Bezeichnung »Republik der Vereinigten Niederlande«. Die südlichen Gebiete – heute Belgien – verblieben zunächst bei Spanien. Durch die Seelage und eine riesige Handelsflotte wurde der Handel mit Überseegebieten ermöglicht, so dass sich die Niederlande eine Großmachtstellung erwerben konnten.

Während der wirtschaftlichen Blüte im sogenannten »Goldenen Zeitalter« des 17. Jahrhunderts in den Niederlanden entwickelten sich ein wohlhabendes Bürgertum sowie ein angesehener Handwerksstand. Die Bauern machten in jener Zeit lediglich etwa die Hälfte an Einwohnern aus. Anders als in anderen Ländern besaßen sie fast 40 Prozent des Landes und konnten weitgehend über dessen Erträge verfügen. Viele Adlige dagegen hatten das Land verlassen und ihre Rechte verkauft. Daher hatten vornehmlich Bürger der Oberschicht politisch und gesellschaftlich das Sagen. Ferner galt in den Niederlanden schon zu jener Zeit das Primat der Freiheit von Forschung und Lehre. Das führte dazu, dass nicht nur viele Bücher, die anderswo verboten worden wären, gedruckt werden konnten, sondern auch dazu, dass Wissenschaftler dort weitgehend unbeschränkt an den Universitäten forschen konnten. Hugo Grotius (1583–1645) z. B. ist ein über die Grenzen der Niederlande hinaus bekannter Rechtswissenschaftler jener Zeit, Baruch de Spinoza (1632–1677) ein bedeutender Philosoph.

Anfang des 17. Jahrhunderts kämpften die Niederlande gegen die Engländer und die einheimischen Javaner um die Insel Java in Südostasien. Batavia auf Java (heute Jakarta, Hauptstadt Indonesiens) wird nach dem Sieg 1619 zum wichtigsten Handelsstützpunkt für die Niederlande. Die Niederländische Ostindien-Kompanie wurde durch den lukrativen Gewürzhandel zu einem der weltweit größten Handelsunternehmen. Ab 1672, dem sogenannten Katastrophenjahr (gleichzeitige Kriegserklärung von England, Frankreich und deutschen Ländern), setzte der Niedergang der Niederlande ein, da in Europa die Preise für die durch die Niederländer gehandelten Gewürze sanken und die Nachfrage nach anderen Produkten wie Textilien, Kaffee oder Tee anstieg sowie die englische Konkurrenz erstarkte. Seine Großmachtstellung verlor das Land nach Kriegen gegen England und Frankreich nach und nach. Napoleon beendete 1795 die staatliche Selbstständigkeit, 1810 wurden die Niederlande sogar dem französischen Staat einverleibt. Erst 1813 wurden sie wieder unabhängig.

**Geschichtliche Ereignisse 1777–1811**
(Lebenszeit Heinrich von Kleists):

Nachdem Großbritannien Steuern und Zölle auf Druckerzeugnisse und Tee erlassen hatte, entschloss sich der Kongress der nordamerikanischen Kolonien 1774 in Philadelphia, den Handel mit England abzubrechen. Gegen das englische Mutterland führten die Kolonien 1775–1781 den Unabhängigkeitskrieg, im Verlauf dessen am 4. Juli 1776 die Unabhängigkeitserklärung der Vereinigten Staaten von Amerika erfolgte. 1781 siegten sie über die Briten. Erster Präsident des neuen Staates wurde George Washington. 1787 wurde die amerikanische Verfassung verkündet, die eine Gewaltenteilung zwischen Exekutive (Präsident) und Legislative (Kongress aus Senat und Repräsentantenhaus) beinhaltet.

Unter dem absolutistischen König Ludwig XVI. von Frankreich wurden wichtige Reformen verschleppt, die das ungerechte Steuersystem oder die schlecht organisierte Verwaltung verbessert hätten. Damit wurden weiterhin nur die oberen Schichten wie Adel oder Klerus begünstigt. Kritik daran übten u.a. die Philosophen Rousseau und Montesquieu. Missernten 1787 und 1788 führten zu Hungersnöten. Am 14. Juli 1789 erfolgte in Paris die Erstürmung der Bastille, das Datum gilt als der Beginn der Französischen Revolution. In ihrem Verlauf wurden das Feudalsystem beseitigt sowie Menschen- und Bürgerrechte eingeführt. Verwaltungsreformen betrafen u.a. die Abschaffung der Adelstitel, die grenzfreie Vereinheitlichung des französischen Gebietes, die Beschlagnahmung von kirchlichen Besitztümern und die Trennung von Kirche und Staat. 1791 wurde die neue französische Verfassung in Kraft gesetzt. Sie geht aus den drei Grundprinzipien der Französischen Revolution: Freiheit, Gleichheit und Brüderlichkeit hervor. Die Macht des Königs wurde eingeschränkt, die staatlichen Gewalten geteilt.

Nach einem gescheiterten Fluchtversuch Ludwigs XVI. und seiner Inhaftierung schlossen Österreich und Preußen sich 1791 zusammen zu einem Bündnis gegen die revolutionären Umstürze in Frankreich und zur Unterstützung des französischen Königs, woraufhin die Revolutionäre Österreich den Krieg erklärten, in den Preußen später auch eintrat (Erster Koalitionskrieg). Nachdem am 20. September 1792 das Koalitionsheer von den französischen Truppen zurückgedrängt werden konnte (sogenannte »Kanonade von Valmy«), wurde im Januar 1793 der französische König Ludwig XVI. hingerichtet.

1799 kam Napoleon Bonaparte, erfolgreicher Heerführer, in Frankreich an die Macht. Er hatte Satellitenstaaten in Norditalien errichtet und in der Schweiz nach deren Besetzung die Helvetische Republik gegründet. Während noch der Zweite Koalitionskrieg zwischen den Verbündeten Großbritannien, Russland und Österreich gegen Frankreich andauerte, unternahm Napoleon am 9. November 1799 einen Staatsstreich gegen die herrschende Regierung und erhob sich im Jahr 1804, gestärkt durch außenpolitische Erfolge, selbst zum Kaiser der Franzosen.

1803 wurden in Deutschland durch den Reichsdeputationshauptschluss die geistlichen Reichsstände aufgelöst und weltlichen zugeordnet (Säkularisation), die Reichsstädte und kleinere Fürstentümer und sonstige Herrschaften mussten sich größeren Fürsten unterwerfen und unterordnen lassen (Mediatisierung). Im Sommer 1806 erzwang Napoleon vom deutschen Kaiser, dem Österreicher Franz II., die Niederlegung seiner Krone, wodurch sich das Heilige Römische Reich deutscher Nation auflöste. Zur gleichen Zeit traten 16 Fürsten aus dem Reichsverband aus und schlossen sich unter französischem Protektorat zum Rheinbund zusammen (ohne Österreich und Preußen).

Ab 1806 stand Preußen deshalb im Krieg gegen Frankreich, verlor aber im Frieden von Tilsit (1807) mehr als die Hälfte seines Territoriums. Infolge dieser militärischen Niederlage wurden in Preußen umfassende Reformen eingeleitet: Die bäuerliche Erbuntertänigkeit (eine Form der Leibeigenschaft) wurde aufgehoben, im Rahmen der Preußischen Städteordnung erfolgten die Selbstverwaltung durch die Bürger, Einführung von Gewerbefreiheit, eine Steuerreform sowie die rechtliche Gleichstellung der Juden. Zur selben Zeit wurden Heeres- und Bildungsreformen (Wilhelm von Humboldt) durchgeführt, die die Errichtung von Schulen, Ausbildung von Lehrkräften und eine Reform der Universität beinhalteten.

In Großbritannien sorgte während dieser Zeit die industrielle Revolution, die bereits mit der Erfindung der Dampfmaschine durch James Watt 1769 eingesetzt hatte, für wirtschaftliche Weiterentwicklung. Damit ergaben sich gravierende gesellschaftliche Umwälzungen: soziales Elend, Frauen- und Kinderarbeit, Herausbildung einer unternehmerischen Bürgerschicht sowie einer Industriearbeiterschicht etc.

1810 wurden die Niederlande und Nordwestdeutschland z.T. französisch, nachdem Rom bereits 1809 von Napoleon annektiert worden war. Nach der Missernte 1811 wurde die Versorgungssituation in Frankreich jedoch schwierig, zumal Napoleons Kriege Unsummen verschlangen. Nachdem Russland 1812 für britische Waren seine Grenzen geöffnet hatte, griff Napoleon Russland an, woraufhin sich Russland, Preußen, Österreich und Großbritannien 1812/13 zusammenschlossen und Frankreich in der »Völkerschlacht« bei Leipzig eine Niederlage zufügten. 1814 zogen die Verbündeten in Paris ein, mit der Folge, dass Napoleon unter Talleyrand abgesetzt und nach Elba ins Exil geschickt wurde.

Das Stück *Der zerbrochne Krug* verfasste Kleist in den Jahren zwischen 1803 bis 1806 in Dresden, Berlin und zuletzt Königsberg, wo er 1804–1806 als preußischer Beamter tätig war. Preußen ging 1806 ein Bündnis mit Russland ein und begann einen Krieg gegen Frankreich (s. o.). Nach der Niederlage und dem Frieden von Tilsit (1807) wurde Kleist als angeblicher Spion von den Franzosen verhaftet und für einige Monate in Kriegsgefangenschaft gebracht.

**Arbeitsaufträge:**

1. Lesen Sie den Text und fassen Sie diesen in Stichpunkten zusammen, so dass Sie ein Kurzreferat über dessen Inhalte halten könnten. Erstellen Sie zur Veranschaulichung ein kleines Plakat oder ein Merkblatt, das die wesentlichen Aussagen des Textes erfasst.

*2. Informieren Sie sich im Internet oder in Ihrem Geschichtsbuch detailliert über die Geschehnisse der Jahre 1777–1814 und betrachten Sie Bilder über die damals herrschenden Kleidersitten.

# 2 Den Dramenbeginn in verschiedenen szenischen Darstellungen vergleichen

## Sachanalyse (1. Auftritt)

Kleists Werke »verkörpern eine Literatur des Änigmas und nirgends ist dies evidenter als in der ersten Szene des Zerbrochnen Krugs«.[1] Gerichtsdiener Licht, »dessen Name die Hellsicht analytischer Vernunft konnotiert«,[2] betritt die Gerichtsstube, in der sich Richter Adam das Bein seines ohnehin missgestalteten Fußes (den »Klumpfuß«, 25) verbindet. Der Richter behauptet, in der Gerichtsstube gefallen zu sein. Bereits ganz zu Beginn hinterfragt Licht den Gang der Dinge und deutet Adams Schicksal an, indem er auf dessen Namen anspielt: »Ihr stammt von einem lockern Ältervater, / Der so beim Anbeginn der Dinge fiel, / Und wegen seines Falls berühmt geworden; / Ihr seid doch nicht –?« (9 ff.). Seiner Rolle als Aufdecker wird Licht des Weiteren gerecht, da er Vermutungen bezüglich des nächtlichen Geschehens anstellt, das erst im Laufe des Lustspiels in seiner Gänze entlarvt wird, indem er auf die Wunde Adams im Gesicht hinweisend, diese in Vergleich setzt mit Verletzungen, die auf einer Flucht erlitten wurden (»ein Schaf, das, eingehetzt von Hunden, sich / Durch Dornen drängt, lässt nicht mehr Wolle sitzen«, 39 f.) bzw. einer Schlägerei (»Ei, hier liegt / Querfeld ein Schlag, blutrünstig, straf mich Gott, / Als hätt ein Großknecht wütend ihn geführt«, 44 ff.). Doch Adam rechtfertigt sich mit einem Sturz auf den verzierten Ofen. »Was Adam dem skeptischen, durchaus im eigenen Interesse fragenden Schreiber vorlügt, enthält Wahres. Die Nacht, die seinem Wachen vorausgegangen ist, ist die Nacht seines Sturzes gewesen, seines Falls in jedem (physischen, juridischen und theologischen) Sinn des Wortes. Und das, worüber und worauf er gestürzt ist, ist das sexuelle Begehren gewesen.«[3] Dies wird in diesem ersten Auftritt jedoch erst in Andeutungen für das Publikum sichtbar.

Licht informiert seinen Vorgesetzten über den kurzfristig angekündigten Besuch des Gerichtsrates: »Der Herr Gerichtsrat Walter kömmt, aus Utrecht. / Er ist in Revisionsbereisung auf den Ämtern / Und heute noch trifft er bei uns ein« (69 ff.). Adam will das zunächst nicht glauben (»Geht mir mit Eurem Märchen, sag ich Euch«, 83), wird allerdings aufgrund der weiteren Ausführungen Lichts, der von den Vorgängen im »Grenzdorf« (73) Holla berichtet, in dem sich der Richter nach seiner Absetzung nach der Revision durch Gerichtsrat Walter das Leben nehmen wollte, zunehmend nervös und bittet Licht um dessen Hilfe: »Jetzt gilt's Freundschaft. / Ihr wisst, wie sich zwei Hände waschen können. / Ihr wollt auch gern, ich weiß, Dorfrichter werden, / Und Ihr verdient's, bei Gott, so gut wie einer. / Doch heut ist noch nicht die Gelegenheit, / Heut lasst Ihr noch den Kelch vorübergehn« (128–133). Die Ereignisse in Holla verdeutlichen, dass die Korruption der Richter offenbar kein Einzelfall ist, wie sich auch im weiteren Verlauf noch zeigen wird.

Der gesamte Handlungsverlauf des Dramas findet in der Gerichtsstube statt, die wohl – wie in diesem ersten Auftritt deutlich wird – zugleich Schlafstätte des Dorfrichters Adam ist: »Das Bett, so scheint es, ist Teil der Gerichtsstube. Unter dieses Bett hat, so vermutet der Richter, die Katze die Perücke des Hausherrn verschleppt […]. Allein, die Tatsache, dass er diese Aussage für glaubhaft hält, zeigt, dass die Gerichtsstube zugleich öffentlicher und privater Raum ist, dass zwischen beiden nicht getrennt wird und dass es mit der Ordnung, Sauberkeit und Hygiene nicht weit her ist.«[4]

1 David E. Wellbery, »*Der zerbrochne Krug*. Das Spiel der Geschlechterdifferenz«, in: Walter Hinderer (Hrsg.), *Kleists Dramen*, Stuttgart 1997, S. 13. Alle Stellennachweise aus dem *Zerbrochnen Krug* im Folgenden erfolgen mit den entsprechenden Versangaben nach der zugrunde liegenden Ausgabe.

2 Ebd.

3 Ebd., S. 14.

4 Theodor Pelster, *Lektüreschlüssel. Heinrich von Kleist: »Der zerbrochne Krug«*, Stuttgart 2004, S. 45.

## Unterrichtsverlauf

**Überblick.** Die Schülerinnen und Schüler werden mit dem Anfang des Lustspiels vertraut. Sie lernen verschiedene Inszenierungsvarianten kennen und finden sich in die sprachliche Gestaltung des Dramas ein. Nach Erlesen des ersten Auftritts beginnen sie, diesen zu kürzen und in heutige Sprache zu übersetzen.

! **Verkürzter Verlauf: 2.1 – 2.3 – 2.4**

| Phase | Thema | Sozialform | Kompetenzen und Lernziele | Materialien |
|---|---|---|---|---|
| **Voraussetzungen: Kenntnis des Dramentextes bis 162** | | | | |
| 2.1 | Einstieg: Zusammenfassung des 1. Auftritts | UG | • Auftritt in eigenen Worten zusammenfassen und kürzen | Ball<br>VORLAGE 2a<br>➤ S. 23 |
| 2.2<br>fakultativ | Wiederholung: Kennzeichen einer Inhaltszusammenfassung | UG | • Induktiv Wissen ableiten<br>• Inhaltszusammenfassung verstehen | TAFELBILD 2<br>➤ S. 24 |
| 2.3 | Vergleich verschiedener szenischer Darstellungen | UG | • Umsetzungsvarianten erfassen | Internetzugang |
| 2.4 | Kürzung des 1. Auftritts | GA | • Dramentext kürzen | |
| 2.5<br>fakultativ | Erste szenische Umsetzung | GA | • Den Text szenisch vorbereiten | VORLAGE 2b<br>➤ S. 25 |
| HA | Lektüre des 2. und 3. Auftritts. Inhaltszusammenfassung zum 2. Auftritt | | • Text verstehen<br>• Inhaltszusammenfassung schriftlich erproben | *Der zerbrochne Krug*, Reclam XL, 163–284<br>ARBEITSBLATT 2<br>➤ S. 26 |

### 2.1 Einstieg: Zusammenfassung des 1. Auftritts

UG

VORLAGE 2a
➤ S. 23

**Unterrichtsschritt.** Zum Einstieg erfolgt eine Zusammenfassung des 1. Auftritts durch die Schülerinnen und Schüler in eigenen Worten im Klassenplenum. Ein Ball bestimmt den jeweiligen Sprecher. Jeder Sprecher sollte einen Handlungsschritt benennen, bevor der Ball weitergegeben wird. Der Inhalt wird damit so knapp wie möglich zusammengefasst unter Berücksichtigung des roten Fadens der Handlungslogik. Dieser rote Faden wird mit Hilfe von Vorlagenkarten der VORLAGE 2a ***Zusammenfassung des 1. Auftritts*** an der Tafel oder mit Dokumentenkamera veranschaulicht.

Mögliche Leitfragen:
- Welche handelnden Figuren sind im 1. Auftritt auszumachen?
- Welche Geschehnisse lassen sich aus ihrem Gespräch erschließen?

**Erläuterungen.** Die knappe Zusammenfassung des Inhalts ohne gleichzeitiges Hineinschauen in die schriftliche Vorlage ermöglicht eine Lösung von dieser und somit eine Reduktion des Inhalts auf die tatsächlich relevanten Handlungsschritte. Häufig fällt gerade diese Reduktion den Schülerinnen und Schülern bei Inhaltszusammenfassungen schwer und sie verlieren sich in Einzelheiten. Die vorgegebenen Karten (VORLAGE 2a) können dabei entweder in der vorliegenden Form unter der Dokumentenkamera oder vergrößert als Karten an der Tafel gezeigt werden, um den Handlungsablauf visuell zu veranschaulichen, es ist aber natürlich auch möglich, Äußerungen wörtlich aufzunehmen und aufzuschreiben. Die Inhaltszusammenfassung stellt die Grundlage dar für die spätere Kürzung der Dramenvorlage.

VORLAGE 2a

### Zusammenfassung des 1. Auftritts

Licht betritt die Stube, in der Adam sich das Bein verbindet.

Er fragt Adam, was geschehen sei.

Adam erzählt, dass er auf den Ofen gefallen sei und sich dabei das linke Bein, seinen Klumpfuß, verletzt habe.

Licht weist Adam auf Wunden im Gesicht hin, an Wange und Auge.

Licht vergleicht Richter Adam wiederholt mit dessen Namensvetter Adam aus dem Alten Testament sowie dessen »Fall«, die Verstoßung aus dem Paradies.

Licht berichtet über die zu Mittag zu erwartende unangekündigte Ankunft des neuen Gerichtsrates Walter aus Utrecht.

Licht führt aus, dass Walter bereits in Holla den Richter und den Gerichtsschreiber des Amtes enthoben habe, worauf sich der Richter zu erhängen versucht habe.

Adam bittet Licht, ihm zur Seite zu stehen, wenngleich Licht auch gern Richter werden möchte.

Adam nimmt Licht mit zur Registratur, um die Akten vor der Ankunft Walters zu ordnen.

## 2.2 Wiederholung: Kennzeichen einer Inhaltszusammenfassung (fakultativ)

**Unterrichtsschritt.** Es folgt eine Wiederholung der Kennzeichen der Inhaltszusammenfassung durch die Schülerinnen und Schüler im Plenum, induktiv abgeleitet aus Unterrichtsschritt 2.1. Das Ergebnis wird im TAFELBILD 2 gesichert.

UG

TAFELBILD 2
➤ S. 24

## 2.3 Vergleich verschiedener szenischer Darstellungen

**Unterrichtsschritt.** Die Schülerinnen und Schüler betrachten zwei oder drei verschiedene Bühnenfassungen des 1. Auftritts und machen sich Notizen zur Art der Darstellung sowie Kürzungen oder Ergänzungen, die ihnen auffallen. Als Beispiele dafür können folgende Fassungen Verwendung finden:

- youtu.be/2TRCbKwYh-s (min 0:16 bis 9:55)
- youtu.be/TtMWMJ3XkKo (min 0:00 bis 3:30)
- youtu.be/tsOtGLtTehU (min 2:48 bis 8:22)

UG

Internet-zugang

Mögliche Leitfragen:

- Wo spielt die Handlung?
- Wie sieht das Bühnenbild aus?
- Wie sind die handelnden Figuren charakterisiert (z. B. Alter, Aussehen: Kleidung, Schminke)?
- Welche Textstellen wurden gekürzt – was fällt sofort auf?
- Was wurde ergänzt?

TAFELBILD 2

**Die Inhaltszusammenfassung**

**Hauptteil – Kennzeichen**

- Benennung von Figuren, Ort, Zeit
- Roter Faden
- Kürze ▸ keine Details
- Umformulieren von wörtlichen Aussagen in indirekte Rede
- Darstellung der wichtigsten Handlungsschritte und Zusammenhänge
- Sachlichkeit ▸ keine Bewertungen oder Interpretationen
- Zeitform Präsens
- Verwenden eigener Worte, keine Zitate

**Einleitung (Basissatz)**

- Textsorte
- Titel
- Handlungsort
- Thema des Textes
- Autor
- Erscheinungsjahr
- Handlungszeit

**Schluss**

z. B. Rezeption des Werks, mögliche Absichten des Autors etc.

**Erläuterungen.** Die Schülerinnen und Schüler erkennen, dass der Dramentext eine Grundlage darstellt für unterschiedliche Arten der szenischen Darstellung, die zugleich jeweils durch entsprechende Kürzungen, die Ausstattung von Bühne und Figuren sowie ggf. auch Ergänzungen zum Originaltext jeweils eine eigene Interpretation bilden.

## 2.4 Kürzung des 1. Auftritts

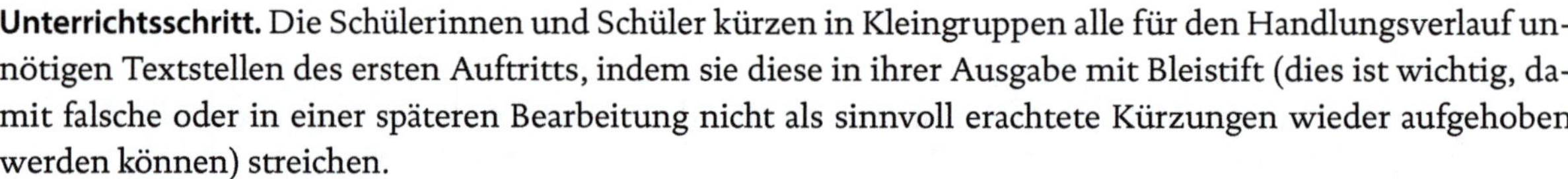

**Unterrichtsschritt.** Die Schülerinnen und Schüler kürzen in Kleingruppen alle für den Handlungsverlauf unnötigen Textstellen des ersten Auftritts, indem sie diese in ihrer Ausgabe mit Bleistift (dies ist wichtig, damit falsche oder in einer späteren Bearbeitung nicht als sinnvoll erachtete Kürzungen wieder aufgehoben werden können) streichen.

Falls die szenische Umsetzung (Unterrichtsschritt 2.5) nicht durchgeführt wird, sollten die Ergebnisse im Unterrichtsgespräch abschließend verglichen werden.

**Erläuterungen.** Die Schülerinnen und Schüler sollen bei den Kürzungen berücksichtigen, dass das Stück weiterhin für das Publikum nachvollziehbar, aber auch lustig sein sollte; es müssen also Stellen beibehalten werden, die eventuell für ein Verstehen der Handlung nicht dringend erforderlich sind, die aber das Publikum zum Lachen anregen. Falls den Schülerinnen und Schülern eigene Ergänzungen einfallen, können diese angefügt werden. In diesem Zusammenhang ist es möglich, auf die vorherige Unterrichtsstunde zu verweisen, in der die schlechte Rezension der Inszenierung durch Goethe erarbeitet wurde, die u. a. mit der Länge des Kleist-Stücks zusammenhing (ARBEITSBLATT 1d).

## 2.5 Erste szenische Umsetzung (fakultativ)

GA

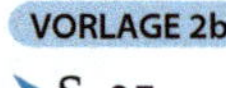

VORLAGE 2b

➤ S. 25

**Unterrichtsschritt.** In neugebildeten Gruppen werden die Rollen gemäß VORLAGE 2b ***Einteilung der Rollen*** verteilt. Die vorher in anderer Gruppenzusammensetzung vorgenommenen Kürzungen werden diskutiert und vereinheitlicht. Während Adam und Licht bereits im Lesetheater ihre Rolle des ersten Auftritts in der von der Gruppe gekürzten Variante erproben, überlegt der Rest der Gruppe, welche Ausstattung ihm für die Gerichtsstube sinnvoll erscheint (hier kann auch eine Zeichnung angefertigt werden) sowie welche körpersprachlichen Ausdrucksformen für Adam und Licht möglich wären.

Sollte noch Zeit sein, können Adam und Licht ihr Lesetheater vor der Gruppe zeigen und Anregungen von dieser entgegennehmen. Die als sinnvoll erachteten Anregungen werden mit Bleistift in die Ausgabe geschrieben. Die Lehrkraft weist darauf hin, dass die Vorführung hin zum Publikum erfolgen, dass also keine der darstellenden Personen während des Sprechens mit dem Rücken zum Publikum stehen sollte.

VORLAGE 2b

**Einteilung der Rollen**

<table>
<tr><th>Figuren</th><th>Auftritte</th><th>Weitere Rollen, die von den Spieler/innen übernommen werden</th><th>Sprech-intensität</th></tr>
<tr><td>Adam</td><td>1, 2, 3, 4, 5, 7, 8, 9, 10, 11</td><td></td><td>hoch</td></tr>
<tr><td>Licht</td><td>1, 2, 3, 4, 5, 6, 7, 8, 9, 10, 11, 12, 13</td><td></td><td>hoch</td></tr>
<tr><td>Walter</td><td>5, 6, 7, 8, 9, 10, 11, 12, 13</td><td></td><td>hoch</td></tr>
<tr><td>Eve Rull</td><td>6, 7, 8, 9, 10, 11, 12, 13</td><td rowspan="2">Eine der beiden übernimmt auch die Erste Magd (2. Auftritt)</td><td>mittel</td></tr>
<tr><td>Marthe Rull</td><td>6, 7, 8, 9, 10, 11, 12, 13</td><td>mittel</td></tr>
<tr><td>Ruprecht Tümpel</td><td>6, 7, 8, 9, 10, 11, 12, 13</td><td></td><td>gering</td></tr>
<tr><td rowspan="2">Veit Tümpel</td><td rowspan="2">6, 7, 8, 9, 10, 11, 12, 13</td><td>Bedienter (2. Auftritt)</td><td rowspan="2">gering</td></tr>
<tr><td>Büttel (5. Auftritt)</td></tr>
<tr><td rowspan="3">Frau Brigitte</td><td rowspan="3">11, 12, 13</td><td>Magd Margrete (10. Auftritt, stumm)</td><td rowspan="3">gering</td></tr>
<tr><td>Magd (8. Auftritt)</td></tr>
<tr><td>Zweite Magd (2. und 5. Auftritt)</td></tr>
</table>

**Erläuterungen.** Die Einteilung der Gruppen erfolgt nach der Anzahl der Rollen. In jeder Gruppe sollten mindestens acht Schülerinnen und Schüler sein. Wichtig: Die Lehrkraft sollte darauf hinweisen, dass die Zusammensetzung auch in den Folgestunden für die szenische Umsetzung beibehalten wird; eventuell ist es sinnvoll, sich die Zusammensetzung zu notieren, um Irritationen zu vermeiden.

Das Lesetheater ist eine Methode, bei der mit Hilfe des Textes bereits einzelne körpersprachliche Umsetzungen erfolgen, bei der es aber in erster Linie darum geht, den Text sprachlich gestalterisch zu erschließen.

Die stets in der jeweils zweiten Unterrichtsstunde vorgesehenen fakultativen Unterrichtsschritte sind nicht dafür gedacht, die Schülerinnen und Schüler zu einem perfekten szenischen Spiel zu führen, sondern ihnen erste Erfahrungen beim Spielen von Rollen zu vermitteln, sowie vor allem dafür, durch die szenische Darstellung eigene Interpretationen zu erproben, Handlungsweisen der Figuren nachvollziehen zu können und die Hintergründe des Stücks in ihrer Tragweite zu erfassen.

### Hausaufgabe

ARBEITSBLATT 2
➤ S. 26

In häuslicher Lektüre lesen die Schülerinnen und Schüler den 2. und 3. Auftritt (*Der zerbrochne Krug*, Reclam XL, 163–284). Zur Festigung der Textform schreiben sie eine Inhaltszusammenfassung zum 2. Auftritt und überprüfen diese selbst mit Hilfe von ARBEITSBLATT 2 ***Checkliste Inhaltszusammenfassung***.

ARBEITSBLATT 2

## Checkliste Inhaltszusammenfassung

| Elemente | ✓ |
|---|---|
| Benennung von Figuren, Ort, Zeit | |
| Darstellung der wichtigsten Handlungsschritte und Zusammenhänge | |
| Roter Faden | |
| Sachlichkeit (➤ keine Bewertungen oder Interpretationen) | |
| Kürze (➤ keine Details) | |
| Zeitform: Präsens | |
| Umformulieren von wörtlichen Aussagen in indirekte Rede | |
| Verwenden eigener Worte (➤ keine Zitate) | |

# 3 Der Traum des Richters: Den Handlungsverlauf vorab entwerfen

## Sachanalyse (2. und 3. Auftritt)

Ein Bedienter des Gerichtsrats Walter informiert Adam und Licht darüber, dass Walter in Kürze in Huisum ankommen werde. Während Licht der Höflichkeit entsprechende Floskeln gegenüber dem Bedienten äußert (»Der Herr Gerichtsrat werden / Hier sehr willkommen sein. Wir sind sogleich / Bereit ihn zu empfangen«, 175 ff.; »Es ist dem Herrn Gerichtsrat, will ich hoffen, / Nichts Böses auf der Reise zugestoßen?«, 201 f.), kümmert sich Adam mit zwei Mägden, die er eher abschätzig behandelt (»Margrete! He! Der Sack voll Knochen!«, 192; »Halts Maul jetzt, sag ich«, 199), um seine Kleidung bzw. überlegt laut, ob er vorgeben solle, krank zu sein (»Ich ließe mich entschuldgen. [...] Ich wäre krank«, 183/187). Da er seine Perücke nicht finden kann, erfindet Adam eine Geschichte, dass die Katze ihre Jungen unter dem Bett darin zur Welt gebracht habe, während seine zweite Perücke beim Perückenmacher sei. »Die körperlichen Fakten der Reproduktion – der Sexualität und der Geburt – haben die richterliche Autorität, die die Perücke versinnbildlicht, ihrer Reinheit und Erhabenheit beraubt.«[1] Adam schickt eine der Mägde zum »Gevatter Küster« (241) bzw. dessen Frau »Muhme Schwarzgewand, die Küsterin« (261), eine Perücke auszuleihen, wobei er nicht möchte, dass der Küster etwas davon erfährt (vgl. 263), während die andere Magd ihm Vorräte »Kuhkäse, Schinken, Butter, Würste, Flaschen / Aus der Registratur« (194 f.) holen soll. Dass die Lebensmittel in Aktenpapiere (vgl. 216 ff.) eingewickelt sind, dass sie überhaupt in der Registratur liegen, zeigt die ›Sorgfalt‹ des Richters für die mit seinem Beruf zusammenhängenden Dinge. Dass wohl etwas nicht mit rechten Dingen in den Aussagen Adams zugehen kann, wird deutlich, als die zweite Magd erwähnt, dass Adam am Abend »Ohne die Perück ins Haus« (223) gekommen sei.

Im dritten Auftritt folgt ein Zwiegespräch Adams mit Licht. Ersterer ahnt bereits das ihm drohende Unglück: »Mir ahndet heut nichts Guts, Gevatter Licht« (265), denn im Traum wurde ihm seine Doppelrolle als Richter und Angeklagter in einer Person vorhergesagt sowie seine folgende Flucht. Damit hat dieser Traum eine herausragende Funktion in der dramatischen Struktur, »nämlich dem Theaterpublikum einen Hinweis auf den Komödienausgang zu geben, so wie ja der ganze Dialog, in dem der Traum vorgebracht wird und der sich mit Adams sonderbarem physischen Zustand, seinem Kopf und Gesichtswunden, sowie mit der ebenfalls sonderbaren Unauffindbarkeit seiner Perücke befaßt, die Funktion hat, dem Zuschauer die Indizien an die Hand zu geben, die unmißverständlich auf den wahren Schuldigen im anschließenden Prozeß weisen.«[2]

Bereits in den ersten drei Auftritten des Lustspiels werden komödiantische Elemente deutlich wie die Verortung der Handlung im Dorf, die Verbindung von Gerichtssaal und Schlafzimmer, die Nutzung der Registratur als Speisekammer sowie die Lüge Adams bezüglich der Katzenjungen in der Perücke. Auch Adam selbst wirkt in seiner Zeichnung mit Glatze, Klumpfuß und Wunden im Gesicht als Dorfrichter lustig und keinesfalls adelsgleich.[3] Untypisch für die Komödie ist jedoch die sprachliche Gestaltung unter Einbezug des Blankverses mit dem fünfhebigen reimlosen Jambus. Dies wirkt sich teilweise auf die Syntax aus, so dass kein umgangssprachlicher, sondern ein gehobener Duktus entsteht. Nicht immer wird allerdings das Versmaß streng eingehalten: Wiederholt kommt es vor, dass Enjambements eingesetzt werden, um Lebendigkeit zu erzeugen (vgl. etwa 165), oder Antilaben (schnelle Sprecherwechsel innerhalb eines Verses), um Dialoge zuzuspitzen (vgl. etwa 189).

1 David E. Wellbery, »Der zerbrochne Krug. Das Spiel der Geschlechterdifferenz«, in: Walter Hinderer (Hrsg.), *Kleists Dramen*, Stuttgart 1997, S. 14.

2 Albert M. Reh, »Der komische Konflikt in dem Lustspiel *Der zerbrochne Krug*«, in: Walter Hinderer (Hrsg.), *Kleists Dramen. Neue Interpretationen*, Stuttgart 1981, S. 105.

3 Vgl. Theodor Pelster, *Lektüreschlüssel. Heinrich von Kleist: »Der zerbrochne Krug«*, Stuttgart 2004, S. 58.

## Unterrichtsverlauf

**Überblick.** Nach einer Wiederholung des Inhalts des 2. und 3. Auftritts anhand der erarbeiteten Inhaltszusammenfassungen erfassen die Schülerinnen und Schüler die Versstruktur in Kleists Lustspiel. Um die Verstrickung des Protagonisten Adam bereits an dieser Stelle der Lektüre zu erkennen, nehmen die Schülerinnen und Schüler anhand einer Ausarbeitung des Traums von Adam im kreativen Schreiben die Handlung vorweg. Fakultativ können Vorüberlegungen zur szenischen Umsetzung erfolgen. ! **Verkürzter Verlauf: 3.1 – 3.2 – 3.3**

| Phase | Thema | Sozialform | Kompetenzen und Lernziele | Materialien |
|---|---|---|---|---|
| **Voraussetzungen: Kenntnis des Dramentextes bis 284** | | | | |
| 3.1 | Einstieg: Wiederholung des bisher Gelesenen | UG | • Inhalte des 2. Auftritts wiederholen<br>• Kennzeichen der Inhaltszusammenfassung festigen | ARBEITSBLATT 2 ➤ S. 26<br>VORLAGE 3 ➤ S. 29 |
| 3.2 | Erfassen der Versstruktur | EA / PA / UG | • Blankvers an dessen Merkmalen erkennen<br>• Inhalte des 3. Auftritts wiederholen | ARBEITSBLATT 3a ➤ S. 31 f. |
| 3.3 **fakultativ** | Kreativaufgabe: Vorwegnahme des Handlungsverlaufs | EA | • Sich in den Protagonisten einfühlen<br>• Ideen entwickeln<br>• Ggf. Versform anwenden | ARBEITSBLATT 3b ➤ S. 33 f. |
| 3.4 **fakultativ** | Vorüberlegungen zur szenischen Umsetzung | GA | • Textverständnis und Kreativität entwickeln<br>• Dramentext kürzen<br>• Szenische Umsetzung vorbereiten | |
| HA | Lektüre des 4. und 5. Auftritts | | | *Der zerbrochne Krug*, Reclam XL, 285–413 |

### 3.1 Einstieg: Wiederholung des bisher Gelesenen

UG

ARBEITSBLATT 2 ➤ S. 26

VORLAGE 3 ➤ S. 29

**Unterrichtsschritt.** Einige Inhaltszusammenfassungen des zweiten Auftritts werden von den Schülerinnen und Schülern vorgelesen. Gemeinsam werden diese im Plenum anhand der Kriterienliste von ARBEITSBLATT 2 korrigiert. In VORLAGE 3 ***Inhaltszusammenfassung 2. Auftritt*** findet sich ein Beispiel für eine solche Inhaltszusammenfassung, das ggf. im Anschluss auch an die Schülerinnen und Schüler zur individuellen Orientierung ausgeteilt werden kann.

**Erläuterungen.** Durch das Vorlesen einiger Inhaltszusammenfassungen werden nicht nur die Inhalte der zu Hause gelesenen Textstellen wiederholt; gleichzeitig erfolgen eine Anwendung der Kriterien der Inhaltszusammenfassung sowie die Korrektur einiger Arbeiten.

### 3.2 Erfassen der Versstruktur

EA / PA / UG

ARBEITSBLATT 3a ➤ S. 31 f.

**Unterrichtsschritt.** Die Schülerinnen und Schüler lesen wiederholend den 3. Auftritt (Reclam XL, 267–284) und zählen die Zeilen zwischen 270 und 280. Dabei wird deutlich, dass hier scheinbar ein ›Fehler‹ vorliegt. Sie lesen die Informationen auf ARBEITSBLATT 3a und erfassen, dass im dramatischen Werk die Verse (hier Blankvers) gezählt werden. Die verwendete Methode ist Think – Pair – Share.

Leitarbeitsauftrag für das Ende der Erarbeitungsphase im Plenum:

- Erklären Sie die Zeilenzählung zwischen 270 und 280.

VORLAGE 3

**Inhaltszusammenfassung 2. Auftritt**

Zu Adam und Licht tritt ein Bediensteter von Walter. Dieser meldet die Ankunft des Gerichtsrates. Adam ruft seine beiden Mägde herbei. Während Licht mit dem Bediensteten höflich Konversation betreibt, zieht sich Adam mit Hilfe einer Magd an und überlegt, ob er sich beim Gerichtsrat wegen Krankheit entschuldigen lassen solle. Der Dorfrichter schickt die eine Magd in die Registratur, um besonders gutes Essen zu holen, die andere zum Bücherschrank, um seine Perücke zu bringen. Als die erste Magd eintritt, wird deutlich, dass die Vormundschaftsakten dazu genutzt wurden, Würste einzuwickeln. Im Gespräch Adams mit beiden Mägden kommt heraus, dass Adam am vorherigen Abend ohne Perücke zurückgekehrt und davor offenbar gestürzt war, was er beides abstreitet. Licht erkennt den Widerspruch in Adams Worten und fragt nach, woraufhin Adam erzählt, dass in seiner Perücke am Morgen die Katze ihre Jungen bekommen habe.

**Erläuterungen.** Bei der Think-Pair-Share-Methode arbeiten die Schülerinnen und Schüler zunächst alleine – hier lesen sie sich den 3. Auftritt wiederholend alleine durch und zählen die Zeilen –, dann besprechen sie sich mit ihrem Partner. Nochmals in Einzelarbeit lesen sie das Informationsblatt, um dann wiederum in Partnerarbeit den Zusammenhang zum Werk Kleists herzustellen. Im Plenum werden anschließend die Erkenntnisse gesammelt.

## 3.3 Kreativaufgabe: Vorwegnahme des Handlungsverlaufs (fakultativ)

EA

**Unterrichtsschritt.** Die Schülerinnen und Schüler versetzen sich in die Rolle des Protagonisten Adam und führen dessen Traum, der im 3. Auftritt eine für das Stück zentrale, da vorausdeutende Rolle einnimmt, aus. Sie planen ihr Vorgehen mit ARBEITSBLATT 3b ***Vorbereitung des kreativen Schreibens: Der Traum des Richters.*** Sie können ihren Text ebenfalls in Blankversen verfassen oder aber in Prosa. Die entstandenen Texte können ggf. im Plenum vorgelesen werden.

ARBEITSBLATT 3b
➤ S. 33 f.
Lösungshinweise
➤ S. 80

**Erläuterungen.** Bei der Ausformulierung des Traums gehen die Schülerinnen und Schüler anhand des Schreibprozesses vor. Das heißt, sie planen zunächst ihren Text, bevor sie diesen ausformulieren. Eine strenge Überarbeitung nach bestimmten Kriterien erfolgt nicht, da Träume und daher auch deren Darstellung keinen spezifischen Merkmalen folgen und ganz unterschiedlich gestaltet sein können.

Vor dem Schreiben sollten die Schülerinnen und Schüler, sofern noch nicht geschehen, auf die Bedeutung der Pfeile am Seitenrand der Ausgabe Reclam XL sowie die zugehörigen Erläuterungen in den »Anmerkungen« (ab S. 102) hingewiesen werden. Schülerinnen und Schüler, die mit der Ausarbeitung des Traums früher fertig sind, können bereits mit der Hausaufgabe beginnen.

## 3.4 Vorüberlegungen zur szenischen Umsetzung (fakultativ)

GA

**Unterrichtsschritt.** Zur Wiederholung der Versstruktur wählen sich die Schüler jeweils einen Vers aus dem 2. oder 3. Auftritt aus. Sie gehen durch den Raum, während sie den Vers in unterschiedlichen Stimmungen (z. B. traurig, belustigt, zornig, erfreut, verzweifelt, den Tränen nah), jedoch immer mit dem richtigen Metrum sprechen. Sie sagen diesen Vers zu anderen Schülern, denen sie begegnen, wobei diese ihren Vers erwidern, so dass eine Art Gespräch entsteht.

In einem zweiten Schritt kürzen die Schülerinnen und Schüler in ihren Achtergruppen den zweiten Auftritt wie in Unterrichtsschritt 2.4 gelernt. Sie überlegen in der Gruppe, mit welchen der selbst geschriebenen Träume oder Elemente daraus der dritte Auftritt ergänzt werden könnte.

**Erläuterungen.** Die Würdigung der selbst geschriebenen Texte durch eine Aufnahme zumindest von Teilen davon in das Theaterstück trägt zur Schreibmotivation bei.

**Hausaufgabe**

In häuslicher Lektüre lesen die Schülerinnen und Schüler den 4. und 5. Auftritt (*Der zerbrochne Krug*, Reclam XL, 285–413).

# Informationsblatt: Grundlagen der Dichtung

## 1. Das Metrum

Das Metrum bildet den Rhythmus eines Verses. Es bestimmt die Abfolge von betonten (Symbol: —) und unbetonten Silben (Symbol: ◡).

- **Jambus:** eine unbetonte Silbe, eine betonte Silbe: ◡—
  Beispiele: »Geduld«, »der Gang«
- **Trochäus:** eine betonte Silbe, eine unbetonte Silbe: —◡
  Beispiele: »Richter«, »tanzen«
- **Daktylus:** eine betonte Silbe, zwei unbetonte Silben: —◡◡
  Beispiele: »Waschlappen«, »Blumentopf«
- **Anapäst:** zwei unbetonte Silben, eine betonte Silbe: ◡◡—
  Beispiele: »Harmonie«, »Barbarei«

## 2. Der Vers

Eine bestimmte Abfolge von Metren innerhalb einer Zeile wird als Vers bezeichnet.

**Kadenz:**

- **weiblich** (klingend): unbetonte Silbe am Ende des Verses (kann auch manchmal hinzugesetzt werden, etwa beim Alexandriner oder beim Blankvers)
- **männlich** (stumpf): betonte Silbe am Ende des Verses

**Versformen:**

- **Der Hexameter** setzt sich aus sechs Daktylen zusammen. Der sechste, letzte Daktylus ist verkürzt: statt zweier unbetonter Silben steht nur eine, so dass ein Hexameter aus 17 Silben besteht. Er endet mit einer weiblichen Kadenz. Er wurde v. a. in der griechischen Dichtung verwendet und in der deutschen Klassik wiederbelebt. Enjambements kommen vor.

  —◡◡—◡◡—◡◡—◡◡—◡◡—◡

- **Der Pentameter** setzt sich aus 14 Silben zusammen, die sechs Daktylen bilden. Beim dritten und sechsten Daktylus werden jeweils die zwei unbetonten Silben gekürzt. In der Mitte entsteht dadurch eine Zäsur, bei der zwei Hebungen aufeinander folgen.

  —◡◡—◡◡—||—◡◡—◡◡—

- **Der Alexandriner** entstand im 12. Jahrhundert in Frankreich. Er setzt sich aus 12 oder 13 Silben zusammen, die in sechshebigen Jamben gebildet werden, entweder mit weiblicher oder männlicher Kadenz. In seiner Mitte hat der Alexandriner eine Zäsur, also einen klaren Einschnitt. In Deutschland wurde der Alexandriner vor allem im Barock eingesetzt.

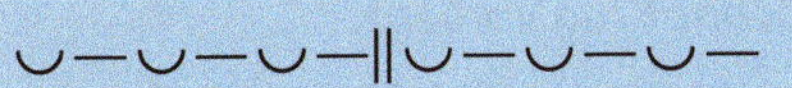

(männlich) oder
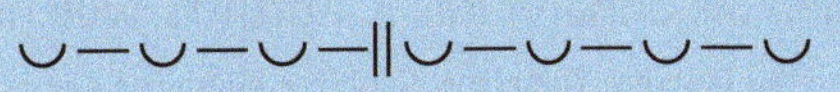

(weiblich)

- **Der Blankvers** (von engl. *blanc verse* ›reiner, reimloser Vers‹) ist reimlos und besteht aus fünf Jamben. Er kann eine weibliche oder männliche Kadenz haben. Er wird häufig in der klassischen Literatur verwendet. Der Blankvers kommt ohne Zäsur aus, Pausen dürfen beliebig erfolgen. Der Satz kann über den Vers hinausgehen (Enjambement), es kann auch innerhalb eines Blankverses einen Sprecherwechsel geben (Antilabe). Der Blankvers wird in England im 16. Jahrhundert erfunden; in Deutschland wird er ab dem Ende des 17. Jahrhunderts verwendet.

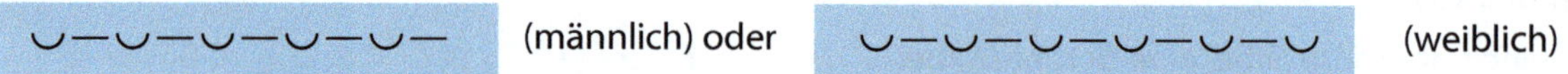


### 3. Sinn- bzw. Sprechereinheiten

Normalerweise entspricht ein Vers einer Sinneinheit, also etwa einem Satz. Davon kann aber abgewichen werden. Folgende Formen sind häufig:

- **Enjambement:** Der Satz geht in der nächsten Verszeile weiter. Dadurch ist die Sprachmelodie fließender als beim Zeilenstil, bei dem die Sätze jeweils am Zeilenende beendet sein müssen.
- **Antilabe** bezeichnet den Sprecherwechsel innerhalb eines Verses. Manchmal sind es sogar zwei. Der schnelle Wechsel erhöht die dramatische Wirkung.

**Arbeitsaufträge:**

1. Begründen Sie anhand des 3. Auftritts, welche Versform bei *Der zerbrochne Krug* vorliegt.

*2. Für schnelle Paare: Finden Sie für die unterschiedlichen Metren Wortbeispiele aus der deutschen Sprache.

## Vorbereitung des kreativen Schreibens: Der Traum des Richters

**Arbeitsauftrag:**
Richter Adam berichtet im 3. Aufzug (V. 269–276, Reclam XL, S. 16) von einem Traum. Überlegen Sie sich, was genau in diesem Traum passiert sein könnte und welche Hintergründe zu den von ihm beschriebenen Ereignissen geführt haben könnten.

Sie können den Traum in Blankversen oder Prosa (ungebundene Sprache) verfassen.

Halten Sie Ihre Überlegungen vor dem Schreiben in Stichpunkten und eigenen Worten in den folgenden Tabellen fest.

### Welche Vorgaben zum Traum werden im Text genannt?

| | |
|---|---|
| Personen | |
| Ort/e der Handlung | |
| Requisiten | |
| Geschehen | |

**Was können Sie ergänzen?**

| | |
|---|---|
| Wo spielt die Vorgeschichte? | |
| Welche weiteren Personen kommen vor, in welcher Rolle? | |
| Worum geht es in der Handlung der Vorgeschichte? | |
| Welche Requisiten spielen eine Rolle? (Beziehen Sie den Titel des Stücks ein.) | |
| Welche Gedanken/Wünsche/ Gefühle haben die handelnden Personen? | |
| Verwenden Sie die Ich- oder Er-Form? | |
| Ist der Traum spannend-erzählerisch komponiert oder bruchstückhaft-assoziativ gereiht? | |
| Ist die Darstellung eher gleichförmig oder folgt sie einem Erzählmuster, z. B. Einleitung/Hauptteil/Schluss? | |

**Wie ist die Reihenfolge Ihrer Darstellung in Kurzform?** (Bitte eigenes Blatt verwenden.)



  

# 4 Die Charakterzeichnung der oberen Schichten erkennen

## Sachanalyse (4. und 5. Auftritt)

Im 4. Auftritt betritt zum ersten Mal Gerichtsrat Walter, der aus Ut-recht (!) kommt, die Bühne. »Er ahnt nicht, dass er im Laufe des Prozesses mit der Grundfrage konfrontiert wird, ob die Gerichte ihren Auftrag erfüllen und erfüllen können, das Recht durchzusetzen, die Schuldigen zu bestrafen und die Unschuldigen zu schützen.«[1] Der sprechende Name »Walter« weist auf dessen Aufgabe als Verwalter und Supervisor hin. Mit dem Auftreten des Revisors aus Utrecht erfolgt eine Anspielung auf die Reformen des Justizsystems in Preußen. »Kanzler Samuel von Cecceji erhielt von Friedrich dem Großen 1747 den Auftrag, die Untergerichte zunächst der Provinz Pommern zu bereisen. Mit dieser Revisionsreise setzte die fundamentale Neuordnung des Rechtssystems in Preußen ein, die dort außerdem die [vom Staat unabhängigen, grundherrschaftlichen] Patrimonialgerichte abschaffte und so für eine Überarbeitung der Gerichtsbarkeit sorgte.«[2] Nach einem Zwischenstopp in Holla, wo der Gerichtsrat den dortigen Richter wegen Kassenveruntreuung suspendiert hatte, ist Walter nun in Huisum angekommen, um Adams richterliche Amtsführung zu begutachten. Walter ist ein Vertreter der Moderne: »Er ist Verwalter im strikten Sinne des Wortes: der Vertreter eines abstrakten Gesetzes, Spezialist für Verfahrensfragen, Inspektor [...]. Aufklärung in ihren institutionellen Auswirkungen schließt genau jene Rationalisierung, Zentralisierung und Entpersönlichung der Justiz ein, als deren Agent Walter auftritt.«[3] Wenngleich er es »von Herzen gut« meint (296), wird er wegen seiner Befugnisse nicht nur als Kontrollinstanz, sondern auch als Strafverfolger wahrgenommen.

»Das ihm in Adam gegenüberstehende Ancien Régime ist zwar einerseits willkürlich und korrupt, erscheint andererseits aber auch lebens- und menschennäher als die unpersönliche Herrschaft des formalen Gesetzes. Dass der Vollblutmensch Adam sich dabei, trotz seiner Korruptheit, weitgehender Sympathie des Publikums sicher sein kann, versteht sich von selbst und gehört zu seiner komischen Physiognomie.«[4] Er ist damit ein »Nachfahre des komödiantischen Hanswurst auf der Bühne. Nicht zuletzt deshalb gehörte die Rolle des Dorfrichters Adam zu den größten und begehrtesten Charakterrollen des deutschen Theaters.«[5] Walters Gegenspieler Adam, dessen Name einen Bezug zum biblischen Urvater und damit zum ›Menschen an sich‹ herstellt (das hebräische »Adam« bedeutet ›Mensch‹), ist nicht nur Richter, er betreut auch die Gemeindekassen und sammelt z. B. Gelder ein, die bei Überschwemmungen durch den Rhein als Hilfsmittel gebraucht werden (»Rhein-Inundations-Kollektenkasse«, 348). »Die bei ihm hinterlegten Gelder (Depositionen) werden aber anscheinend nicht sehr verantwortungsvoll betreut. Es gibt Hinweise auf unsaubere Machenschaften, an denen auch der Gerichtsschreiber Licht beteiligt ist (148 ff.).«[6] Das unordentliche Chaos, in dem Adam lebt – sich stapelnde Akten in der Registratur (160 ff.) dienen als Einwickelpapier für Lebensmittel (218 ff.), die Katze bekommt ihre Jungen unter dem Bett in der Gerichtsstube (242 ff.), die Perücke ist nicht auffindbar (219 ff.), feuchte Wäsche hängt am Ofen (54 f.) etc. –, das ihm bisher in seinem wohl sorgenfreien Leben – seine Registratur ist voll von ess- und trinkbaren Köstlichkeiten (195 f.) – wenig störend erschien, wird nun durch Walters Besuch aufgewirbelt. Trotz dieser zu Tage tretenden äußerlichen, aber auch inneren Unordnung Adams wird deutlich, dass er durchaus über eine gewisse Allgemeinbildung verfügt. Er kennt Demosthenes (142 f.) und »den Namen des deutschen Rechtslehrers Pufendorf, dessen Schriften in der juristischen Ausbildung des 17./18. Jahrhunderts eine maßgebliche Rolle spielen, und weiß, dass der akademisch gebildete Gerichtsschreiber Licht, der ihm zugeordnet ist, auf der Universität als rhetorisches Vorbild den Cicero studiert hat.«[7] Jedoch ist sein Verhalten gerade Untergebenen oder niedrigeren Schichten gegenüber von einer großen Arroganz und Überheblichkeit geprägt. Deutlich wird das bereits im 1. Auftritt, als er einen Bauern als »triefäugige[n] Schuft« bezeichnet, der »ein Gesicht / Von einem Hinterkopf« nicht unterscheiden könne (85 ff.), oder in der Behandlung seiner Mägde, die er »Maulaffe« (186) oder »Unverschämte« (231) nennt.

Wenngleich Adam im *Zerbrochnen Krug* recht ne-

1 Theodor Pelster, *Lektüreschlüssel. Heinrich von Kleist: »Der zerbrochne Krug«*, Stuttgart 2004, S. 46.

2 Jan Söhlke, *Verderben, verführen, verwüsten, bestechen. Literatur und Korruption um 1800*, Siegen 2017, S. 217.

3 David E. Wellbery, »*Der zerbrochne Krug*. Das Spiel der Geschlechterdifferenz«, in: Hinderer, Walter (Hrsg.). Kleists Dramen, Stuttgart 1997, S. 18.

4 Helmut J. Schneider, »*Der zerbrochne Krug*«, in: Ingo Breuer (Hrsg.), *Kleist Handbuch. Leben – Werk – Wirkung*, Stuttgart 2013, S. 36.

5 »Der zerbrochne Krug«, in: *Kindlers neues Literaturlexikon. Hauptwerke der deutschen Literatur*, Bd. 1, München 1994, S. 481.

6 Helwig Kuhl, *Der zerbrochne Krug. Ein Unterrichtsmodell zum Lustspiel von Heinrich von Kleist*, Heilbronn 2010, S. 55.

7 Ebd., S. 69.

gativ gezeichnet wird, können auch Gründe für sein Verhalten gefunden werden. Nicht nur sein Klumpfuß, sondern auch der gesellschaftliche Wandel können zwar nicht als Entschuldigung, so aber doch als mögliche Erklärung für seine Handlung herangezogen werden.

Gerichtsrat Walter wird von Adam zu Beginn des 4. Auftritts gespielt erfreut begrüßt (»Wer konnte, du gerechter Gott, wer konnte / So freudigen Besuches sich gewärtgen«, 287 f.). Der Gerichtsrat verdeutlicht, dass er lediglich zur Bestandsaufnahme gekommen sei, nicht um zu »strafen« (302). Dem Publikum ist aber natürlich klar, dass eine negative Bestandsaufnahme zwangsläufig eine Strafe nach sich ziehen wird. Adam zeigt sich beflissen, da er versucht, Walter bereits im Voraus zu Wohlwollen zu bewegen, indem er versichert, sämtliche Wünsche Walters bezüglich der Verbesserung der Justiz in Huisum sofort nach deren Äußerung und der Heimkehr Walters umzusetzen, jedoch weist er – wohl wissend, in welchem Zustand sein Richteramt ist – einschränkend darauf hin, dass im Moment sicherlich noch Schwächen vorzufinden seien. In einem Exkurs werden die Vorkommnisse in Holla eingeflochten, wo der Dorfrichter versucht hatte sich zu erhängen, nachdem er in sein Haus gesperrt worden war, während sich Verdachtsfälle wegen »Veruntreuung« (343) eröffneten. Die Wichtigkeit der korrekten Kassenführung wird in der schnellen Frage Walters nach den Kassen Walters deutlich: »Wie viele Kassen habt Ihr?« (345), wobei ihn Adam mit der Antwort »fünf« zu überraschen scheint (vgl. 345 ff.), da im Moment offenbar keine Notwendigkeit für Geldeingänge in die Rhein-Inundations-Kollektenkasse, die Spendenkasse für Rheinüberschwemmungen, besteht. Adam scheint diese Kasse möglicherweise für eigene Zwecke zu nutzen.

Die vielen wartenden Personen auf dem Flur erfasst Walter mit Hilfe des eilfertigen Lichts, der in der Folge entscheidend und mit Absicht dazu beiträgt, dass die Vorgänge um Richter Adam »ans Licht kommen«, richtig als Wartende auf den heute anberaumten Gerichtstag, dem beizuwohnen er sich spontan entschließt.

Der 5. Auftritt beginnt mit der Rückkehr der Magd, die keine Perücke vom Küster ausleihen konnte. Vorschläge Walters, die Perücke des Predigers oder Schulmeisters auszuleihen, muss Adam ablehnen, da diese ihm nicht mehr wohlgesonnen seien, »[s]eit der Sackzehnde abgeschafft, Euer Gnaden, / Wozu ich hier im Amte mitgewirkt« (385 f.). Zuvor konnten Lehrer und Pfarrer ihr geringes Beamtengehalt durch eine Abgabe auf die Ernte aufbessern; warum Adam deren Abschaffung mitbewirkt hat, ob aus Neid, aus dem Wunsch, Einfluss auf »Moral und Bildung« zu nehmen,[8] oder zum Schutz der Bauern, bleibt im Unklaren. Die Perücke weiter entfernt zu holen, lehnt Walter ab, da er »noch heut nach Hussahe« (394) müsse, so dass Adam sein Amt ohne das zugehörige Zeichen seiner Würde ausüben muss. Die Perücke war in jener Zeit nicht nur Zeichen des juristischen Amtes, sondern auch für die gesellschaftliche Stellung. Da fließendes Wasser nicht vorhanden und damit die Haarwäsche sehr schwierig war und sich viele eine Glatze zum Schutz vor Läusen rasierten, war die Perücke seit dem Barock in höheren Kreisen unentbehrlich. Auch auf dem Land trugen die sozial Höherstehenden wie Richter, Pfarrer, Schulmeister oder Küster die Perücke. Vor Gericht blieb die Perücke noch länger wesentliches Zeichen der Amtswürde, sicherte aber auch Anonymität zu und damit Schutz vor möglichen Racheakten Verurteilter. Je nach Schmuck und Ausgestaltung der Perücke konnte die gesellschaftliche Stellung oder der Beruf daran abgelesen werden. Alle diejenigen, die sich keine Perücke leisten konnten, der Großteil der Bevölkerung, trug ihr eigenes Haar ungepudert. Fehlte einer Amtsperson die Perücke, kann dies als Herabstufung und Minderung ihres Ansehens gedeutet werden.

8 Vgl. Söhlke (Anm. 2), S. 209.

## Unterrichtsverlauf

**Überblick.** Um die Charaktere, deren Namen und Handlungsweisen zu verstehen, werden zunächst die Vertreter der »oberen Schichten« beleuchtet. **! Verkürzter Verlauf: 4.1 – 4.2 – 4.3**

| Phase | Thema | Sozialform | Kompetenzen und Lernziele | Materialien |
|---|---|---|---|---|
| **Voraussetzungen: Kenntnis des Dramentextes bis 413** | | | | |
| 4.1 | Einstieg: Assoziationen zu den Namen finden | UG | • Vorwissen aktivieren | TAFELBILD 4 ➤ S. 38 |
| 4.2 | Beschreibung der Charaktere | GA / UG | • Charaktereigenschaften erfassen<br>• Vermutungen zu den Charakteren anstellen | ARBEITSBLATT 4 ➤ S. 40 |
| 4.3 | Textstellen im historischen Zusammenhang klären | PA / UG | • Historische Hintergründe verstehen<br>• Den Text deuten | VORLAGE 4 ➤ S. 38<br>ARBEITSBLATT 1e ➤ S. 18–20<br>Internetzugang |
| 4.4 fakultativ | Szenische Erprobung von hohem Status | UG / GA | • Körpersprache bewusst verwenden<br>• Den Text kürzen | Internetzugang |
| HA | Lektüre und (fakultativ) Kürzung des 6. Auftritts | | | *Der zerbrochne Krug*, Reclam XL, 414–497 |

### 4.1 Einstieg: Assoziationen zu den Namen finden

**Unterrichtsschritt.** Stiller Impuls: Die Schülerinnen und Schüler überlegen sich Assoziationen zu den an der Tafel stehenden Namen »Adam«, »Walter« und »Licht«. UG

TAFELBILD 4 ➤ S. 38

**Erläuterung.** Die Assoziationen können sowohl mit den Namen an sich zu tun haben, z. B. »Walter« als »Verwalter«, aber auch mit Hinweisen zu den Personen aus dem bisher Gelesenen. Damit die Schülerinnen und Schüler mit der Suche nach Textbelegen vertraut werden, ist es nötig, diese stets anzufügen.

### 4.2 Beschreibung der Charaktere

**Unterrichtsschritt.** Die Schülerinnen und Schüler erhalten jeweils drei Exemplare von ARBEITSBLATT 4 ***Das erfahre ich über die Figur*** und füllen in Gruppenarbeit eines davon – entweder zu Adam, zu Walter oder zu Licht – aus. Ihre Ergebnisse stellen sie im Plenum vor. Am Ende sollten alle annähernd ähnliche Ergebnisse auf ihren drei Arbeitsblättern haben.

GA / UG

ARBEITSBLATT 4 ➤ S. 40

Lösungshinweise ➤ S. 81–84

**Erläuterungen.** Die Klasse wird in drei Gruppen geteilt (diese müssen bei zu großer Gruppenstärke ggf. nochmals geteilt werden). Jede Gruppe beschäftigt sich mit einer der drei Personen. Nicht alle Angaben können zum jetzigen Zeitpunkt bereits vollständig gefüllt werden. Es ist eine stete Weiterarbeit an diesem Arbeitsblatt bis zum Ende der Lektüre vorgesehen. Anhand einer Zeitleiste können besonders schnelle Schülerinnen und Schüler überlegen, was im Leben der jeweiligen Person vor dem beschriebenen Gerichtstag passiert sein könnte. Diese Zeitleiste beginnt beim Tag der Geburt und geht bis zur Gegenwart. Markante Ereignisse aus der Zeit davor werden mit Strichen in der Leiste markiert und dazugeschrieben oder gemalt. Hierbei sollen die Schülerinnen und Schüler natürlich alles, was aus dem Text dazu zu erfahren ist, verwenden, das meiste jedoch werden sie selbst erfinden müssen. Damit wird eine stärkere Identifikation mit den handelnden Figuren erzielt und das Fremdverstehen verbessert.

TAFELBILD 4

**Heinrich von Kleist, *Der zerbrochne Krug***
**Figuren der höheren Schicht**

| Bibel, Vertreibung aus dem Paradies, Eva, Urvater, Sündenfall, Apfel, Blatt | Verwalter | Bringt Dinge ans Licht / Licht ins Dunkel, Aufklärer |
|---|---|---|
| ADAM | WALTER | LICHT |
| • mit Glatze und Klumpfuß (25, 276 f.)<br>• Genussmensch (195 f.)<br>• betreut und veruntreut vermutlich die Gemeindekassen (148 ff., 348 ff.)<br>• chaotisch (54 f., 160 ff., 218 ff., 241 ff.)<br>• überheblich, arrogant (186, 231)<br>• Lügner (z. B. 221–244, 287 f.) | • kommt aus Utrecht (69)<br>• kommt nur zur Begutachtung (302)<br>• hat den Richter in Holla suspendiert (104, 338) | • hat studiert (136 ff.)<br>• ist an Veruntreuung der Kassen beteiligt (148 ff.)<br>• versucht, sich einzuschmeicheln (188, 201 f., 355)<br>• seit neun Jahren als Schreiber tätig (327 ff.)<br>• will Karriere machen (130) |

## 4.3 Textstellen im historischen Zusammenhang klären

PA / UG

VORLAGE 4 ➤ S. 38

ARBEITSBLATT 1e ➤ S. 18–20

Internetzugang

**Unterrichtsschritt.** Die Schülerinnen und Schüler »übersetzen« in Partnerarbeit einige zentrale Textstellen des fünften und sechsten Auftritts und erschließen daraus Hintergründe über die politischen und gesellschaftlichen Verhältnisse zur Zeit, in der das Drama vermutlich spielt (VORLAGE 4 ***Arbeitsaufträge***). Als Hilfestellung nutzen sie ARBEITSBLATT 1e. Die Ergebnisse werden im Plenum besprochen.

VORLAGE 4

**Arbeitsaufträge**

1 »Übersetzen« Sie folgende Verse in heutige Sprache und Prosa:
291–304, 323–324, 345–351, 382–387

2. Was lässt sich aus diesen Textstellen über die politischen und gesellschaftlichen Verhältnisse der Niederlande herauslesen? Verwenden Sie ARBEITSBLATT 1e zur Unterstützung Ihrer Ausführungen.

*3. Für besonders Schnelle: Recherchieren Sie im Internet über die Bedeutung der Perücke für Juristen.

## 4.4 Szenische Erprobung von hohem Status (fakultativ)

UG / GA

Internetzugang

**Unterrichtsschritt mit Erläuterungen.** Die Schülerinnen und Schüler erstellen in einem ersten Schritt eine Sammlung von Personen, die hohe Ämter innehaben, z. B. Bundeskanzler/in, Staatspräsident/in, Parteichef/in, Manager/in etc. Sie betrachten zu diesen Youtube-Videos und/oder suchen sich Bilder aus dem Internet. Daran machen sie Kennzeichen eines hohen Status fest. Dazu gehören z. B. eine gerade und ruhige Haltung, ein sicherer Stand, eher langsame Bewegungen, sehr bewusst gesetzte Gesten, ein »Sich-Breitmachen«, ein erhobener Kopf, meist teure, saubere Kleidung, eine ordentliche Frisur etc.

Im zweiten Schritt ahmen die Schülerinnen und Schüler den hohen Status nach. Sie schreiten durch den Raum, setzen sich auf einen Stuhl, imitieren pantomimisch die Redeweise ihres »Vorbildes« etc.

Im dritten Schritt stellen sie in Vierergruppen in einem Standbild pantomimisch Adam, Licht und Walter in ihrer Beziehung zueinander dar. Die vierte Person erklärt den Zuschauern die Anordnung.

### Hausaufgabe

In häuslicher Lektüre lesen die Schülerinnen und Schüler den 6. Auftritt (*Der zerbrochne Krug*, Reclam XL, 414–497). Je nach Leistungsfähigkeit der Gruppe nehmen sie ggf. selbstständig eine Kürzung vor.

ARBEITSBLATT 4

## Das erfahre ich über die Figur

*Name:*

*Alter (ca.):*

*Familienstand:*

*Eigenschaften:*

*Beruf:*

*Das Äußere:*

*Wesentliche Aussagen:*

*Rolle in der Handlung:*

*Mögliche Biografie (Zeitleiste):*

Geburt → Gerichtstag

(Zu jeder Angabe muss als Beleg eine Textstelle mit Versnummer in Klammern angegeben werden.)

# 5 Die symbolische Bedeutung des Krugs und die Charakterzeichnung der unteren Schichten erfassen

## Sachanalyse (6. Auftritt)

»Im Stück treffen zwei soziale Schichten aufeinander, die von ihrem Auftreten, ihrem Denken, ihrer Wahrnehmungsweise und ihrer Redeweise sehr unterschiedlich sind: Auf der einen Seite die Repräsentaten der Obrigkeit – Gerichtsrat Walter, der Schreiber Licht und der Dorfrichter Adam – auf der anderen Seite die Bauern.«[1] Im 6. Auftritt betreten erstmals die Bauern als Vertreter der unteren sozialen Schichten den Bühnenraum. Der meist in Armut lebende Großteil der Bevölkerung, bei dem auch die Kinder arbeiten mussten (vor allem da er stark von den Abgaben an die oberen Klassen belastet war), war darauf verwiesen, bei Streitigkeiten die Gerichte, die mit Vertretern der Obrigkeit besetzt waren, aufzusuchen. Frau Marthe Rull, die Klägerin, ist Witwe eines Kastellans, Hebamme (585) und Mutter von Eve, der Protagonistin im Lustspiel. Frau Marthe beklagt wiederholt im komischen Wortspiel ihren zerbrochenen Krug: »Wer wird mir den geschiednen Krug entscheiden? / Hier wird entschieden werden, dass geschieden / Der Krug mir bleiben soll. Für so'n Schiedsurteil / Geb ich noch die geschiednen Scherben nicht« (419–422). Sie scheint eine resolute Frau zu sein, die in ihrem Drängen nach Aufklärung der Zerstörung des Krugs jedoch ihre Tochter öffentlich in eine schwierige Situation bringt, da sie offenbar vor der Klageführung weder das Gespräch mit Eve geführt hat, noch deren Bitten nach Niederlegung der Klage entspricht. Höchstwahrscheinlich ist das Vertrauensverhältnis zwischen Mutter und Tochter wenig ausgeprägt, Frau Marthe hat wenig Empathie, oder zur damaligen Zeit waren möglicherweise solcherart intime Gespräche zwischen Mutter und Tochter unüblich.

Der Krug ist das zentrale Objekt, um das sich vordergründig die Gerichtsverhandlung dreht. Seine Bedeutung als Symbol ergibt sich erst nach und nach: »Kaum übertreibend läßt sich [...] behaupten, daß jeder gemalte Krug, sei er von Greuze oder Ingres, oder Cézanne, auf die abgerundete Geschlossenheit des weiblichen Körpers verweist, und in den Fällen, wo der gemalte Krug zerspalten oder gebrochen ist, wird der Verlust jungfräulicher Unschuld thematisiert.«[2]

1 Ingo Scheller, *Unsichtbares Theater der Gewalt. Heinrich von Kleist: Der zerbrochene Krug. Vorschläge, Materialien und Verfahren zur szenischen Interpretation*, Oldenburg 1995, S. 17.

2 David E. Wellbery, »Der zerbrochne Krug. Das Spiel der Geschlechterdifferenz«, in: Walter Hinderer (Hrsg.), *Kleists Dramen*, Stuttgart 1997, 25.

Hinter den Klagen von Frau Marthe scheint also die Sorge um ihre Tochter Eve und deren Ruf zu stecken. Ersichtlich wird das, als Eve sich bemüht, der Verhandlung zu entgehen, indem sie der Mutter Alternativangebote bietet, um den Krug zu ersetzen, doch diese mit der Begründung ablehnt, dass die Instandsetzung des Kruges mit der von Eve in engem Zusammenhang stünde: »Dein guter Name lag in diesem Topfe, / Und vor der Welt mit ihm ward er zerstoßen, / Wenn auch vor Gott nicht, und vor mir und dir. / Der Richter ist mein Handwerksmann [...], / Wenn's unsre Ehre weiß zu brennen gilt, / Und diesen Krug hier wieder zu glasieren« (490–497). Der Vorwurf von Frau Marthe ist gewichtig: Unehelicher Geschlechtsverkehr (»Unzucht«) führte noch im 18. Jahrhundert nicht nur zu sozialer Ächtung, sondern zählte zu den »fleischlichen Verbrechen, Lat. *Delicta Carnis*, [...] jedwede[r] fleischliche[n] Vermischung, welche ausser einer rechtmäßigen Ehe geschiehet, und daher zu einem straffbaren Verbrechen wird«, so Zedlers *Universal-Lexicon*.[3] Die Strafen waren unterschiedlich und konnten von Geldstrafen über Pranger bis zur Landesverweisung reichen.[4] Die Zuständigkeit dafür lag bei der niederen Gerichtsbarkeit, wie sie hier von Dorfrichter Adam repräsentiert wird.

Neben der möglicherweise im Zusammenhang mit dem Ruf zerstörten Ehre von Eve symbolisiert der zerbrochene Krug auch andere Hintergründe, nämlich die Zerstörung des alten Justizsystems, »Ehrbarkeit, [...] zwischenmenschliches Vertrauen, soziale Bindungen, [...] geheiligte Ordnungen«[5], oder kann als »Symbol der erschwerten Wahrheitsfindung, [...] oder unter geschichtstheoretischem Aspekt als Symbol für die Bedingtheit des Menschen in der Geschichte«[6] gesehen werden. Zugleich wird eine Parallele hergestellt zu den Wunden auf Adams Kopf: »Loch im Krug und Loch im Kopf«,[7] ein Bild für den Zusammenhang zwischen Adam und dem Krug, in dem zugleich Adams eigentliche Absichten sichtbar gemacht werden.

3 Johann Heinrich Zedler, *Universal-Lexicon aller Wissenschaften und Künste*, Halle/Leipzig 1731–54, Bd. 49, Sp. 2573 unter dem Stichwort »Unzucht« (online: www.zedler-lexikon.de).

4 Vgl. auch Helwig Kuhl, *Der zerbrochne Krug. Ein Unterrichtsmodell zum Lustspiel von Heinrich von Kleist*, Heilbronn 2010, S. 69.

5 Ebd., S. 39.

6 *Kindlers neues Literaturlexikon. Hauptwerke der deutschen Literatur*, Bd. 1, München 1994, S. 482.

7 Helmut J. Schneider, »*Der zerbrochne Krug*«, in: Ingo Breuer (Hrsg.), *Kleist Handbuch. Leben – Werk – Wirkung*, Stuttgart 2013, S. 38.

Wie andere Figuren im Stück hat auch Eve einen sprechenden Namen. Als Adams Contrepart ist sie hier jedoch nicht die Verführerin wie im Alten Testament, sondern diejenige, die sich Adam widersetzen musste. Eve versucht in diesem 6. Auftritt mehrfach, ihre Mutter zu besänftigen und mit ihrem Verlobten Ruprecht, dem Sohn des Bauern Veit Tümpel, unter vier Augen ins Gespräch zu kommen, doch auch dieser lehnt jede Annäherung brüsk ab und beschimpft sie wiederholt als »Metze« (444, 467).

»Der wiederum sprechende Name Ruprecht Tümpel, der Assoziationen an ruppig, grob und Tölpel weckt, tut ein Übriges, in dem jungen Mann einen einfachen ungeschlachten Bauernjungen zu vermuten.«[8] Auch hier ist der Bestandteil »-recht« im Namen enthalten, was jedoch eher eine Anspielung ist »auf sein naives Vertrauen auf das grobe, einfache Recht.«[9] Die Hintergründe dieser Auseinandersetzung zwischen Ruprecht und Eve eröffnen sich dem Zuschauer erst mit der Zeit. Deutlich wird aber bereits an dieser Stelle, dass Ruprecht bevorsteht, in Kürze »zum Regimente« einrücken zu müssen, sowie Eves Sorgen deswegen: »Wer weiß, wenn du erst die Muskete trägst, / Ob ich dich je im Leben wieder sehe. / Krieg ist's, bedenke, Krieg, in den du ziehst« (458 ff.).

Obwohl Kleist sein Stück in Blankversen verfasste, wird aus der Sprechweise der einzelnen Figuren deutlich, dass Kleist die Sprache an diese anpasst. Neben alltagssprachlichem Glossar werden Schimpfwörter eingesetzt, um eine Charakterisierung Einzelner sprachlich zu realisieren.

8 Theodor Pelster, *Lektüreschlüssel. Heinrich von Kleist: »Der zerbrochne Krug«*, Stuttgart 2004, S. 26.

9 Ebd., S. 47.

## Unterrichtsverlauf

**Überblick.** Die Schülerinnen und Schüler erkennen die übertragene Bedeutung des Kruges und vergleichen den unterschiedlichen rechtlichen und sozialen Stellenwert einer unehelichen Beziehung damals und heute. Anschließend wird mittels fiktiven Interviews der Blick auf die gesamte Gruppe aus den unteren Schichten ausgeweitet. **! Verkürzter Verlauf: 5.1 – 5.2 – 5.3**

| Phase | Thema | Sozialform | Kompetenzen und Lernziele | Materialien |
|---|---|---|---|---|
| **Voraussetzungen: Kenntnis des Dramentextes bis 497** | | | | |
| 5.1 | Einstieg: Figuren und Thema des 6. Auftritts | UG | • Textkenntnis aktualisieren | TAFELBILD 5 ➤ S. 43 |
| 5.2 | Erarbeitung: Der zerbrochne Krug als Symbol | UG | • Die Bedeutung der Zerstörung des Kruges im übertragenen Sinn erfassen | VORLAGE 5a ➤ S. 44<br>VORLAGE 5b ➤ S. 44<br>TAFELBILD 5 ➤ S. 43 |
| 5.3 | Recherche zur Aktualität von Kleists Werk | EA / PA / UG | • Aktuellen Bezug herstellen<br>• Historische Distanz nachvollziehen | VORLAGE 5c ➤ S. 45<br>Internetzugang |
| 5.4 | Interviews mit den Figuren schreiben oder spielen | PA / UG | • Zugang zu den Handlungshintergründen der Figuren bekommen<br>• Fremdverstehen<br>• Interviewtechnik erproben | ARBEITSBLATT 4 ➤ S. 40 |
| 5.5 **fakultativ** | Szenische Erprobung einer Konfliktsituation | UG / GA | • Körpersprache im Konflikt nachvollziehen<br>• Wirkung von stimmlichem Verhalten im Konflikt einschätzen | |
| HA | Lektüre des 7. und 8. Auftritts | | | *Der zerbrochne Krug*, Reclam XL, 498–1071 |

## 5.1 Einstieg: Figuren und Thema des 6. Auftritts

UG

**Unterrichtsschritt.** Im Unterrichtsgespräch wird kurz der als Hausaufgabe gelesene 6. Auftritt unter folgenden Leitfragen zusammengefasst (wobei die Figurennamen bereits in Vorbereitung des TAFELBILD 5 – s. Unterrichtsschritt 5.2 – festgehalten werden können):
- Welche Figuren erscheinen erstmals? Was verbindet sie?
- Worüber streiten sie?

TAFELBILD 5 ➤ S. 43

**Erläuterungen.** Den Schülerinnen und Schülern soll deutlich werden, dass die Gruppe, die vor Gericht erscheint (Szenenanweisung: »Frau Marthe, Eve, Veit und Ruprecht treten auf«), den unteren Bevölkerungsschichten angehört. An sprachlichen Merkmalen (Schimpfwörtern) kann das belegt werden. Die Beobachtung, dass der Streit um den zerbrochnen Krug geht, leitet in den folgenden Unterrichtsschritt über.

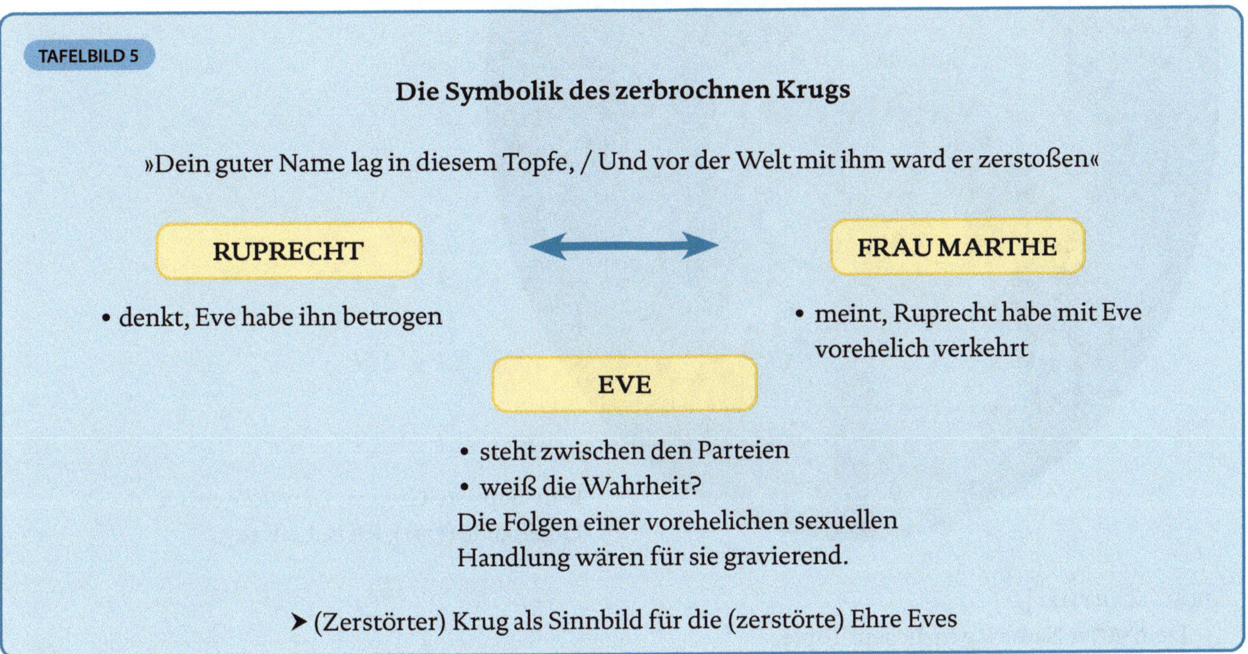


## 5.2 Erarbeitung: Der zerbrochne Krug als Symbol

UG

**Unterrichtsschritt.** Im Unterrichtsgespräch wird die Bedeutung des zerbrochnen Krugs als Symbol für den (vermeintlichen) Verlust der Jungfräulichkeit Eves erarbeitet. Dazu wird zunächst VORLAGE 5a ***Jean-Baptiste Greuze, »La cruche cassée«*** (»Der zerbrochene Krug«) gezeigt und die Symbolik mittels einer genauen Bildbeschreibung erschlossen.

Das Ergebnis wird auf Kleists Lustspiel bzw. Eve und Ruprecht bezogen: Für die beiden ist der Krug letztlich – unausgesprochen – aufgrund der symbolischen, nicht der tatsächlichen Bedeutung so wichtig. Die Schülerinnen und Schüler erhalten das Zitat »Dein guter Name lag in diesem Topfe, / Und vor der Welt mit ihm ward er zerstoßen« (490 f.) als Tafelanschrift (Ergänzung in TAFELBILD 5) und diskutieren über dessen Bedeutung. Als Hilfestellung können die Aussagen von Ruprecht und die Antwort von Frau Marthe in VORLAGE 5b ***Ruprecht und Marthe über den zerbrochnen Krug*** gezeigt werden. Die Schülerinnen und Schüler erkennen, dass die hinter dem zerbrochenen Krug steckende sexuelle Handlung für Eve (und ihre Mutter) weitreichende Konsequenzen hätte. Sie sehen außerdem, dass beide Seiten von völlig unterschiedlichen Grundannahmen ausgehen, die ohne Klärung der Hintergründe zwangsläufig zum Konflikt führen müssen. Die Ergebnisse werden im Tafelbild gesammelt.

VORLAGE 5a ➤ S. 44
VORLAGE 5b ➤ S. 44
TAFELBILD 5 ➤ S. 43

**Erläuterungen.** Vermutlich war Kleist das Gemälde von Greuze bekannt und diente als Anregung für das Lustspiel. Bei der Bildbeschreibung sollte auf das weiße Kleid (Jungfräulichkeit), die halbentblößte Brust mit verrutschtem Halstuch und die schützende Handhaltung eingegangen werden, bevor der Krug mit Loch thematisiert wird. Bei der Übertragung auf Kleists Stück kann das Zitat Marthes hinzugenommen werden: Sie vermutet,

VORLAGE 5a

Jean-Baptiste Greuze, *La cruche cassée*, Ölgemälde (1771), Paris, Louvre

FRAU MARTHE: […]
Dein guter Name lag in diesem Topfe,
Und vor der Welt mit ihm ward er zerstoßen.

*Der zerbrochne Krug*, Reclam XL, 490 f.

VORLAGE 5b

## Ruprecht und Marthe über den zerbrochnen Krug

RUPRECHT. […] Der Drachen!
's ist der zerbrochne Krug nicht, der sie wurmt,
Die Hochzeit ist es, die ein Loch bekommen,
Und mit Gewalt hier denkt sie sie zu flicken.
Ich aber setze noch den Fuß eins drauf:
Verflucht bin ich, wenn ich die Metze nehme.

MARTHE. […]
Der Richter ist mein Handwerksmann, der Schergen,
Der Block ist's, Peitschenhiebe, die es braucht,
Und auf den Scheiterhaufen das Gesindel,
Wenn's unsre Ehre weiß zu brennen gilt,
Und diesen Krug hier wieder zu glasieren.

*Der zerbrochne Krug*, Reclam XL, 439–444, 493–497.

dass Ruprecht Tümpel Eve verführt habe, und sieht in dessen Bestrafung für die Zerstörung die Wiederherstellung ihrer Ehre: »Und auf den Scheiterhaufen das Gesindel, / Wenn's unsre Ehre weiß zu brennen gilt, / Und diesen Krug hier wieder zu glasieren« (495 ff.). Ruprecht unterstellt das Gleiche, bezeichnet Eve deswegen als »Metze« (444), vermutet aber Lebrecht als Täter (vgl. 973). Die Zuschauer und die Schülerinnen und Schüler werden in den nächsten Kapiteln erfahren, dass der Dorfrichter (»Adam« und »Eve«) beteiligt ist – und zwar nach dem Bericht Ruprechts am Ende des 7. Auftritts: erfolglos.

## 5.3 Recherche zur Aktualität von Kleists Werk

**Unterrichtsschritt.** Die Schülerinnen und Schüler vergleichen die Bedeutung, die eine voreheliche sexuelle Begegnung zum Ende des 17. Jahrhunderts (zum Zeithintergrund vgl. ARBEITSBLATT 1e) für ein Mädchen hatte, mit heute. Sie recherchieren im Internet, inwieweit heute ähnliche Fälle vorkommen, indem sie nach Informationen zu den Stichworten »Ehrenmord« und »Femizid« suchen. Sie vergleichen damit den Lexikonartikel auf VORLAGE 5c ***»Unzucht«. Ein Lexikonartikel aus dem 18. Jahrhundert*** und ihre persönliche Einstellung. Eine Diskussion über die Aktualität von Kleists Werk im Plenum schließt sich an.

EA / PA / UG

VORLAGE 5c ➤ S. 45 Internetzugang

**Alternative.** Die Schülerinnen und Schüler erhalten Arbeitsblätter mit kopierten Artikeln, z. B.:

- www.tagesschau.de/faktenfinder/ehrenmord-femizid-101.html
- www.zeit.de/gesellschaft/zeitgeschehen/2021-08/ehrenmord-femizid-berlin-mord-debatte-begriff-moralvorstellungen?utm_referrer=https%3A%2F%2Fwww.google.com%2F
- www.igfm.de/ehrenmorde-zwischen-migration-und-tradition
- www.humanrights.ch/de/ipf/archiv/themen/universalitaet/studie-terre-femmes; etc.).

**Erläuterungen.** In der Diskussion sollte sowohl der historische Abstand zwischen der von Kleist dargestellten Zeit und den heutigen Maßstäben deutlich werden als auch die Aktualität der Problematik diskutiert werden.

VORLAGE 5c

**»Unzucht«**
**Ein Lexikonartikel aus dem 18. Jahrhundert**

»**Unzucht** […]. Nach Maßgebung der Rechte [nach Rechtslage] bedeutet Unzucht nichts anders, als die sonst so genannten *fleischlichen Verbrechen* […], oder eine jedwede fleischliche Vermischung, welche außer einer rechtmäßigen Ehe geschiehet, und daher zu einem strafbaren Verbrechen wird. […] Auch ist der uneheliche Beischlaf […] mit Gelde oder Gefängnis [für den Mann] zu bestrafen [und] die Weibes-Person [des Landes] zu verweisen.«

Johann Heinrich Zedler, *Universal-Lexicon aller Wissenschaften und Künste*, Halle/Leipzig 1731–54, Bd. 49, Sp. 2573 f.

## 5.4 Interviews mit den Figuren schreiben oder spielen

**Unterrichtsschritt.** Die Schülerinnen und Schüler erarbeiten in Partnerarbeit fiktive Interviews mit den Figuren der »unteren Schichten« des *Zerbrochnen Kruges*. Diese Interviews können mündlich – als szenisches Spiel – oder geschrieben – z. B. als Zeitungsinterview – stattfinden. Die Schülerinnen und Schüler überlegen zunächst, für welches Medium sie als Reporterin bzw. Reporter tätig sind und welche Figur sie interviewen möchten. In der Folge werden für Medium und Figur passende Fragen und abschließend mögliche Antworten gesammelt. Ziel ist es, die Hintergründe für das Handeln einer Figur herauszufinden. Für diese Figur wird erneut ARBEITSBLATT 4 ausgeteilt und bearbeitet. Im Anschluss werden einige Ergebnisse im Klassenplenum präsentiert.

PA / UG

ARBEITSBLATT 4 ➤ S. 40 Lösungsvorschläge ➤ S. 81–84

**Erläuterungen.** Mit Hilfe der Interviewform versetzen sich die Schülerinnen und Schüler in eine Figur hinein und können deren Handlungshintergründe nachvollziehen und deuten. Die Erkenntnisse zur symbolischen Bedeutung des Krugs sollen einbezogen werden. Eine Mindest- und Höchstzahl an Fragen kann je nach Zeit von der Lehrkraft vorgegeben werden. Auch ist es möglich, einzelne Figuren bestimmten Schülergruppierungen zuzuordnen, damit alle Figuren »gehört« werden.

### 5.5 Szenische Erprobung einer Konfliktsituation (fakultativ)

UG / GA

**Unterrichtsschritt mit Erläuterungen.** Die Schülerinnen und Schüler überlegen sich, welche Gefühle und körpersprachlichen Umsetzungen in Konfliktsituationen auftreten (z. B. Zorn, Wut, Ärger, Traurigkeit, Hass, Arroganz, Besserwisserei, Drohen, Schlägern, sich frontal gegenüber in die Augen sehen, Zähne blecken, Kopf vorrecken, Fäuste ballen etc.). Diese werden zunächst im Plenum gesammelt und anschließend in Dreiergruppen pantomimisch erprobt. Dabei ist ein Schüler stets Rückmelder für die anderen beiden. Jeder in der Dreiergruppe sollte aber einmal jede Rolle spielen.

Im zweiten Schritt erfolgt eine stimmliche Erprobung der Darstellung wütender Gefühle: Die Schülerinnen und Schüler zählen dabei von eins bis zehn in verschiedener Wutkonzentration, während sie sich gegenüberstehen. Eins ist nur leicht verärgert, 10 sehr beleidigend. Sie erproben, wie sich die Stimme verändert, wenn sie ihren Körper dazunehmen.

Im dritten Schritt stellen die Schülerinnen und Schüler in Fünfergruppen in einem Standbild pantomimisch Marthe, Eve, Ruprecht und Veit in ihrer Beziehung im 6. Auftritt zueinander dar. Die fünfte Person erklärt den Zuschauenden die Anordnung.

---

#### Hausaufgabe

In häuslicher Lektüre lesen die Schülerinnen und Schüler den 7. und 8. Auftritt (*Der zerbrochne Krug*, Reclam XL, 498–1071).

# 6 Die sprachliche Gestaltung und Symbolik wahrnehmen

## Sachanalyse (7. und 8. Auftritt)

Mit dem 7. Auftritt wird die eigentliche Gerichtsverhandlung eröffnet, in der zunächst Marthe Rull als Anklägerin das Wort erhält, bevor Ruprecht Tümpel als Angeklagter Stellung nimmt. »In einem langen Prozess kommt langsam und zum Teil auf Umwegen ans Licht, was geschehen ist. Damit ist das Lustspiel *Der zerbrochne Krug* als analytisches Drama oder Enthüllungsdrama charakterisiert. Alle Handlungen, die von entscheidender Bedeutung für das Leben der Hauptpersonen sind, haben sich abgespielt, bevor das Spiel auf der Bühne beginnt. Sie müssen nun in ihrem Zusammenspiel durchschaut und beurteilt werden.«[1]

Der 7. Auftritt beginnt mit schlimmen Vorahnungen Adams, als er Eve und Ruprecht erblickt: »Ei, Evchen. Sieh! Und der vierschrötge Schlingel, / Der Ruprecht! Ei, was Teufel, sieh! Die ganze Sippschaft! / – Die werden mich doch nicht bei mir verklagen?« (498 ff.) Hier erhält das Publikum einen erneuten Hinweis auf Adams Verstrickungen in den nun zu verhandelnden Fall und kann den folgenden Prozess mit dem Wissen Adams (beiseite gesprochen: »für sich« [498], und damit für's Publikum) verfolgen. Adam versucht, schnell und unauffällig mit Eve in Kontakt zu treten, was sie vehement zurückweist: »Ich sag Ihm, Er soll gehn. [...] lass Er mich« (510, 512). Adam droht ihr vor einer Aussage mit einem Attest, das er in der Tasche habe, ohne das Ruprecht nach Jakarta in den Militärdienst gesendet würde, wo er dann »Krepiert' – ich weiß, an welchem Fieber nicht, / War's gelb, war's scharlach, oder war es faul« (535 f.). Adam ist in Sorge, die jedoch noch nicht näher ausgeführt wird, die offenbar aber etwas mit Eve und deren Aussage zu tun hat. Schritt für Schritt wird die Schuld von Adam offenbart, so in seiner für sich geäußerten Aussage: »Es klirrte etwas, da ich Abschied nahm« (548). Aus seinem Selbstgespräch schreckt ihn Licht auf, worauf Adam eine weitere Anspielung – diesmal auf seine verschwundene Perücke macht: »Ich hatte sie behutsam drauf gehängt, / Und müsst ein Ochs gewesen sein« (544 f.). Worauf, kann das Publikum an dieser Stelle nur vermuten, wobei die Zusammenhänge durch die später folgende ausführliche Schilderung Frau Marthes zur Historie und Bedeutung des Kruges sich erschließen lassen.

In komödiantischer Anspielung auf die Veränderungen im Justizwesen hin zu strengeren Verordnungen ist die Nachfrage Adams zu verstehen, wie Walter den Prozess wünsche, »Nach den Formalitäten, oder so, / Wie er in Huisum üblich ist, zu halten?« (567 f.). Adam führt in der Folge die von Walter gewünschten Vorschriften, für allgemeine Irritation sorgend, völlig übertrieben aus, z. B. befragt er Frau Marthe ausführlich nach ihren Personalien, was natürlich absurd ist, da sie ihm ja wohlbekannt ist (575 ff.). Die Zurechtweisung von Walter legt er nun wiederum so aus, dass er Formalitäten völlig außen vor lassen möchte (591 ff.). Zu seiner zweifelhaften Prozessführung gehören auch Vorverurteilungen zunächst von Ruprecht (603), später von Lebrecht (934 ff.). Wiederholt befiehlt Adam Licht, solcherart andere als ihn belastende Aussagen schnell im Protokoll zu vermerken. Gleichzeitig unterdrückt er Widerspruch Ruprechts, woraufhin der Gerichtsrat einschreitet ob wegen des »gewaltsame[n] Verfahren[s]« (611), ihm mit Amtsenthebung droht, da er offenbar nicht in der Lage sei, das Recht entsprechend der Gesetzeslage zu ermitteln. Dieses übertrieben dargestellte Hin und Her führt zur Belustigung des Publikums, das bislang noch nicht ganz genau weiß, warum Adam sich so verhält, und das nur Vermutungen anstellen kann.

Ausführlich gibt Frau Marthe als Anklägerin nun Auskunft über Herkunft und Bedeutung des Kruges, wobei sie mehrfach durch Adam und Walter ob der Relevanz ihrer Auskünfte unterbrochen wird. »Frau Marthe muss weit ausholen und den Wert des Kruges herausstreichen, um zu verhindern, dass der Prozess wegen Geringfügigkeit eingestellt wird.«[2] Ihre Ausführungen sind ein »Glanzstück der Sprachkomik«[3], indem sie die Bedeutung des Kruges in einer ausführlichen Ekphrasis, einer anschaulichen Beschreibung seines Bildprogramms, hervorhebt, durch die das Dorfgeschehen in Huisum mit der großen Weltgeschichte verschränkt wird: »Die Darstellung, die ihr den Krug, wie sie sagt, so überaus wertvoll macht, [ist] die Belehnung Philipps II., des späteren Königs von Spanien, mit der Regentschaft über die [später, nämlich] 1648 unabhängig gewordenen Niederlande«.[4] Die Komik dieser Ekphrasis – eine Parodie Kleists auf die

1 Theodor Pelster, *Lektüreschlüssel. Heinrich von Kleist: »Der zerbrochne Krug«*, Stuttgart 2004, S. 31.

2 Ebd., S. 49.

3 Helmut J. Schneider, »*Der zerbrochne Krug*«, in: Ingo Breuer (Hrsg.), *Kleist Handbuch. Leben – Werk – Wirkung*, Stuttgart 2013, S. 38.

4 Ulrich Schödlbauer, »Heinrich von Kleist. *Der zerbrochne Krug*«, in: *Reclam Interpretationen. Dramen des 19. Jahrhunderts*, Stuttgart 1997, S. 45.

berühmte Beschreibung des Schilds des Achill in Homers *Ilias* – ergibt sich nicht nur aus dem Gegensatz zwischen ›hohem‹ Gegenstand der Weltgeschichte und ›niedrigem‹ Stand der berichtenden Figur, sondern auch daraus, dass die beschriebenen Bilder infolge der Zerstörung des Krugs gerade nicht mehr sichtbar sind.

Über die Behandlung im Unterricht hinaus führt die Beobachtung, dass in der komischen Darstellung der zerstörten Bilder zugleich die »Integrität des männlichen Körpers« infrage gestellt wird: »Vom Kaiser bleiben nur noch die Beine übrig, der ganze Oberkörper des knienden Philipp ist abgehackt und auch der Rest seines ›Hinterteil[s]‹ zeigt Spuren eines [Stoßes] […]. Die Schwerter von Philibert und Maximilian, Zeichen phallisch-martialer Macht, sind abgeschlagen und vom Erzbischof, dem Statthalter des göttlichen Vaters, ist bloß noch der Schatten zu sehen.«[5] Neben der Zerstörung der durch die Krugform anklingenden weiblichen Form erfolgte also auch eine der männlichen in ihrer tradierten Weise. Letztlich wird so mit dem zerstörten Krug auch die Vernichtung der alten Ordnung versinnbildlicht.

Der Wert, den Frau Marthe dem Krug zuspricht, beruht jedoch vor allem in dessen Bedeutsamkeit als Symbol für die Unschuld ihrer Tochter. Weil ihr deren Wohl und körperliche Unversehrtheit wichtig sind, misst sie dem Krug eine Bedeutung zu, die dieser eigentlich nicht hat und den auch Eve in ihm nicht sieht. Und so wird aus der Zerstörung des Kruges aus Frau Marthes Sicht ein Verbrechen, das hohe Strafen nach sich ziehen müsse.

Erst im Anschluss an die ausführliche Schilderung des Wertes des Kruges erzählt Frau Marthe über die Vorgänge des vorherigen Abends. Um elf Uhr abends habe sie »laute Männerstimmen, ein[en] Tumult, / In meiner Tochter abgelegnen Kammer« (746 f.) gehört. Als sie daraufhin zum Zimmer Eves eilte, sah sie deren Türe aufgebrochen, den Krug in Scherben und in der Mitte des Zimmers einen tobenden Ruprecht, der ihr sagte, dass ein anderer Mann den Krug zerschlagen habe. Dieser sei aus dem Zimmer geflohen. Nach Aussagen der Mutter schwor Eve, dass Ruprecht den Krug zerschlagen habe, was diese nun aber bestreitet. Adam ergreift während der Reden der Mutter in Einwürfen immer wieder Partei gegen Ruprecht, was schließlich auch Walter auffällt: »Wenn Ihr selbst / Den Krug zerschlagen hättet, könntet Ihr / Von Euch ab den Verdacht nicht eifriger / Hinwälzen auf den jungen Mann, als jetzt« (821–824), und er droht Adam bereits an dieser Stelle das Ende seines Richteramts an, was diesen jedoch nicht davon abhält, weiterhin parteiisch zu beeinflussen.

Anschließend beschreibt Ruprecht als Angeklagter seine Sicht der Dinge: An diesem milden Januarabend wollte er Eve am Fenster besuchen, die ihm bereits zugesagt hatte, ihn zu heiraten, wobei ihn sein Vater noch ermahnt hatte, vor dem Haus zu bleiben. Am Gartentor sah er im Dunkeln schemenhaft Eve und einen anderen Mann. Er vermutete den Hilfsschuhmacher Lebrecht, der Eve schon länger nachgestellt habe. Diesen Hinweis greift Adam dankbar auf, während Marthe ihre Tochter beschimpft. Als beide ins Haus verschwunden waren, lief Ruprecht nach und trat die Zimmertüre Eves ein. In diesem Moment sei der andere Mann aus dem Fenster gesprungen und habe den Krug hinuntergeworfen. Ruprecht konnte den Fliehenden noch im Gitter, an dem sich der Wein nach oben rankt, erwischen und ihm »mit dem Stahl eins pfundschwer übern Detz« hauen (980).

Licht scheint das Spiel bereits zumindest ansatzweise zu durchschauen, denn die Verletzung auf Adams Kopf ähnelt der, die Ruprecht dem Fliehenden zugefügt hat. Dieser warf allerdings Ruprecht Steine und Sand in die Augen, so dass er dem Flüchtigen nicht nachsetzen konnte.

Nun soll Eve in den Zeugenstand, was Adam zunächst zu verhindern sucht mit fadenscheinigen Argumenten: »Als Zeugin, gnädger Herr? Steht im Gesetzbuch / Nicht titulo, ist's quarto? oder quinto? / Wenn Krüge oder sonst, was weiß ich? / Von jungen Bengeln sind zerschlagen worden, / So zeugen Töchter ihren Müttern nicht?« (1055–1059) Da Walter auf eine Aussage Eves besteht, wird Adam nervös, benötigt ein Glas mit Wasser und bietet Walter ein Glas Wein an (8. Auftritt).

»Längst hat der Zuschauer und Leser gemerkt, dass Richter Adam nicht etwa ›zerstreut‹ (557) ist und dass es ihm nicht an Kompetenz fehlt, einen Prozess ›einzuleiten‹ (615), dass er vielmehr schuldhaft gegen die Prozessordnung verstößt.«[6] Spätestens in diesem 7. Auftritt also werden die Vermutungen des Publikums hinsichtlich einer Schuld Adams so verstärkt, dass es dem nun Kommenden mit dem nötigen Vorwissen folgen kann, um den wahren Handlungsverlauf des dem Gerichtstag vorhergehenden Abends zu begreifen.

5 David E. Wellbery, »*Der zerbrochne Krug*. Das Spiel der Geschlechterdifferenz«, in: Walter Hinderer (Hrsg.), *Kleists Dramen*, Stuttgart 1997, S. 28.

6 Pelster (Anm. 1), S. 47 f.

## Unterrichtsverlauf

**Überblick.** Die Schülerinnen und Schüler unternehmen erste Schritte in Richtung einer literarischen Interpretation, indem sie nach dem Austausch ihrer individuellen Lesarten den Aufbau des 7. Auftritts und rhetorische Mittel sowie deren Wirkung erfassen. ! **Verkürzter Verlauf: 6.1 – 6.2 – 6.3 – 6.4**

| Phase | Thema | Sozialform | Kompetenzen und Lernziele | Materialien |
|---|---|---|---|---|
| **Voraussetzungen: Kenntnis des Dramentextes bis 1071** | | | | |
| 6.1 | Einstieg: Bildbeschreibung | UG | • Sich den 7. Auftritt bildlich vorstellen | VORLAGE 6 ➤ S. 50 |
| 6.2 | Literarisches Gespräch zum 7. Auftritt | UG | • Eigene Deutungen artikulieren<br>• Interpretationen anderer verstehen | |
| 6.3 | Aufbau des 7. Auftritts | PA / UG | • Den Aufbau des Auftritts verstehen | ARBEITSBLATT 6 ➤ S. 52 f. |
| 6.4 | Analyse des Monologs von Frau Marthe: rhetorische Mittel und deren Funktion | PA / UG | • Den Monolog verstehen<br>• Den Einsatz rhetorischer Mittel und deren Wirkung begreifen | ARBEITSBLATT 6 ➤ S. 52 f. |
| 6.5 **fakultativ** | Kürzen des 7. und 8. Auftritts | GA | • Roten Faden beibehalten<br>• Für das Verständnis Unwesentliches kürzen | |
| HA | Lektüre des 9. und 10. Auftritts | | | *Der zerbrochne Krug* XL, 1072–1606 |

### 6.1 Einstieg: Bildbeschreibung

**Unterrichtsschritt.** Die Schülerinnen und Schüler betrachten die VORLAGE 6 ***Adolph von Menzel: Illustration zu Heinrich von Kleists »Der zerbrochne Krug«*** und beschreiben, was sie sehen, sowie ihre Eindrücke. UG

VORLAGE 6 ➤ S. 50

**Erläuterungen zu** VORLAGE 6. Auf dem Bild ist eine Frau zu sehen, die in beiden Händen Teile eines kaputten Krugs hält. Der Krug ist verziert, konkrete Gegenstände oder Personen sind aber nicht zu identifizieren. Die Frau scheint den Krug jemandem zu zeigen. Der Gesichts- und Augenausdruck ist anklagend. Auf ihrem Kopf hat sie eine altertümlich wirkende Haube; sie wirkt einfach gekleidet. Der Mann, dem sie den Krug zeigt, ist größer und ebenfalls altertümlich, aber vornehm gekleidet (Rüschen, Knöpfe, gemusterte Weste). Im Hintergrund steht eine blasser gezeichnete Gruppe von vier Personen, offenbar auch einfacher Herkunft. Ansonsten ist der Hintergrund nicht gestaltet.

### 6.2 Literarisches Gespräch zum 7. Auftritt

**Unterrichtsschritt.** Bevor der 7. Auftritt und besonders der Monolog Frau Marthes analytisch erschlossen werden, sollen sich die Schülerinnen und Schüler im Literarischen Gespräch über den Inhalt des 7. Auftritts sowie das Verhalten der darin vorkommenden Figuren austauschen. UG

**Erläuterungen.** Das Literarische Gespräch soll die Schülerinnen und Schüler anregen, in einem offenen Horizont selbstständig Interpretationsideen zu entwickeln, und ihnen in der freien Äußerung dieser Ideen eine Vielfalt an Lesarten vor Augen führen, in denen der persönliche Zugang zum Text Platz findet. Gleichzeitig verstehen sie nicht nur den dramaturgischen Verlauf sowie Metaphorik und Symbolik besser, ihnen wird auch bewusst, dass der Sinnbildungsprozess nicht abgeschlossen werden kann. Die Lehrkraft hält sich zurück, ist wirklich interessiert an den Leseeindrücken der Schüler, partizipiert folglich lediglich als gleichgestellter Gesprächsteilnehmer

VORLAGE 6

Adolph von Menzel, Illustration zu Heinrich von Kleists *Der zerbrochne Krug*, Holzstich (1877)

und lenkt das Gespräch eventuell durch Impulse, Verknüpfungen oder Zusammenfassungen einzelner Gesprächsbeiträge, falls nötig. Die Schülerinnen und Schüler unterhalten sich miteinander, es gibt kein ›richtig‹ oder ›falsch‹ und auch kein ›müssen‹ (abgesehen von der Einhaltung der Gesprächsregeln). In Abgrenzung zum gelenkten Unterrichtsgespräch sollte das Literarische Gespräch in einer angenehmen Gesprächsatmosphäre, z. B. im Sitzkreis, stattfinden.

Mögliche Impulse:

- Wer möchte seine Eindrücke zum 7. Auftritt in der Runde äußern? (Evtl. trägt jeder Schüler zumindest ein kurzes Statement bei.)
- Was können wir über das Verhalten Adams, Eves, Frau Marthes, Walters und Ruprechts sagen? Wie finden Sie das Verhalten der jeweiligen Figur in dieser Situation?
- Lässt es Rückschlüsse auf vergangene Ereignisse zu?
- Wie gefällt Ihnen, wie Frau Marthe den Verlust des Kruges darbietet?
- Welche Gegenstände könnten dem Krug vom Wert her heute entsprechen?
- Welche Vermutung haben wir: Wer hat den Krug zerbrochen?
- Was habe ich noch nicht verstanden?
- Worüber möchten wir noch tiefergehend sprechen?

## 6.3 Aufbau des 7. Auftritts

**Unterrichtsschritt.** Die Schülerinnen und Schüler setzen sich in Partnerarbeit mit dem 7. Auftritt und dessen Aufbau auseinander (ARBEITSBLATT 6 ***Erfassen des Aufbaus und der sprachlichen Mittel des 7. Auftritts***, Arbeitsauftrag 1). Im Anschluss werden die Ergebnisse im Plenum besprochen und ggf. verbessert.

PA / UG

ARBEITSBLATT 6
➤ S. 52 f.
Lösungshinweise
➤ S. 85 f.

**Erläuterung zur Vorgehensweise.** Der 7. Auftritt hat eine zentrale Funktion im Lustspiel. Hier beginnt der eigentliche Prozess, hier werden bereits wichtige Informationen gegeben zum Ablauf des Abends vorher, der ja in der Folge Schritt für Schritt aufgedeckt wird. Damit die Schülerinnen und Schüler dem Ablauf und den Verwicklungen folgen können und damit sie bereits erste Mittel für eine Analyse und spätere Interpretation eines Dramenausschnitts an die Hand bekommen, ist es erforderlich, die Inhaltsangabe nun auszuweiten auf die Erfassung der Struktur eines Auftritts.

## 6.4 Analyse des Monologs von Frau Marthe: rhetorische Mittel und deren Funktion

**Unterrichtsschritt.** Mit Hilfe des ARBEITSBLATT 6, Arbeitsauftrag 2, erschließen sich die Schülerinnen und Schüler in Partnerarbeit den Monolog von Frau Marthe zur Bedeutung des Kruges. Sie finden passende Zitate zu einzelnen rhetorischen Mitteln. Diese werden im Anschluss im Unterrichtsgespräch auf ihre (komische) Wirkung hin besprochen.

PA / UG

ARBEITSBLATT 6
➤ S. 52 f.
Lösungshinweise
➤ S. 85 f.

**Erläuterungen.** Während die Zusammenstellung der rhetorischen Mittel in Partnerarbeit leicht möglich ist, ist das Erkennen ihrer Funktion im Zusammenhang womöglich mit Schwierigkeiten verbunden und sollte deswegen im Unterrichtsgespräch vorsichtig gelenkt werden. Die Schülerinnen und Schüler sollten erkennen, wie rhetorische Mittel zur Erzeugung von Komik eingesetzt werden. Die Komik durch die sprachliche Vermischung der Ebenen (historische Personen und Ereignisse und deren Zerstörung als Abbildung auf dem Krug) im Monolog Frau Marthes kann abschließend auch im Lehrervortrag erläutert werden. Ebenso kann an dieser Stelle im Rückgriff auf ARBEITSBLATT 1b noch einmal darauf hingewiesen werden, dass in der Komödie traditionellerweise komische Elemente und untere Schichten miteinander kombiniert werden (Ständeklausel).

## 6.5 Kürzen des 7. und 8. Auftritts (fakultativ)

**Unterrichtsschritt.** Die Schülerinnen und Schüler streichen in ihren gewohnten Arbeitsgruppen zum szenischen Spiel mit Hilfe der Zusammenfassung auf ARBEITSBLATT 6 für das Verständnis Unwesentliches und ergänzen den Text gegebenenfalls durch eigene Ideen, so dass der Text sich für eine Aufführung eignet.

GA

ARBEITSBLATT 6
➤ S. 52 f.

### Hausaufgabe

In häuslicher Lektüre lesen die Schülerinnen und Schüler den 9. und 10. Auftritt (*Der zerbrochne Krug*, Reclam XL, 1072–1606).

# Erfassen des Aufbaus und der sprachlichen Mittel des 7. Auftritts

**Arbeitsauftrag 1:**
Erfassen Sie den Aufbau des 7. Auftritts, indem Sie eine Tabelle nach folgendem Muster auf ein Blockblatt zeichnen und diese ausfüllen:

| Verse | Handlung (knapp in jeweils 1–5 Sätzen) |
|---|---|
| | |
| | |
| | |
| | |

**Arbeitsauftrag 2:**
Untersuchen Sie die verwendete Sprache in der Rede Frau Marthes im 7. Auftritt, Vers 639–737. Nutzen Sie dafür die unten angegebenen rhetorischen Mittel (finden Sie pro angegebenem rhetorischen Mittel mindestens ein Textbeispiel) und stellen eine Hypothese zur Wirkung auf. Zeichnen Sie dazu eine Tabelle nach folgendem Muster auf ein Blockblatt:

| Rhetorisches Mittel | Textstelle (Zitat mit Versangabe) | Hypothese zur Wirkung |
|---|---|---|
| | | |
| | | |
| | | |
| | | |

| Ausgewählte rhetorische Mittel | | |
|---|---|---|
| **Bezeichnung** | **Bedeutung** | **Beispiel** |
| ***Rhetorische Frage*** | Frage, auf die keine Antwort erwartet wird (Scheinfrage) | Sehe ich so aus, als wüsste ich das? |
| ***Hyperbel*** | Übertreibung | Das hab' ich dir schon 1000-mal gesagt. |
| ***Metapher*** | Sprachliches Bild | Die Mühlen des Gerichts |
| ***Vergleich*** | Zwei Dinge werden in Beziehung zueinander gesetzt. | Du bist so stark wie ein Löwe. |
| ***Bild*** | Mit Sprache wird gezeichnet und gemalt. | Schau, wie er leuchtet! |
| ***Ausruf*** | Mit Ausrufezeichen versehener Ausruf meist des Erstaunens oder Erschreckens | Herrje! |
| ***Anrede*** | Jemand wird direkt angesprochen. | Ihr hohen Herren, hört mir zu! |
| ***Repetitio*** | Wiederholung | Dann …, dann … |
| ***Anapher*** | Wortwiederholung am Satz- oder Versanfang von zwei aufeinander folgenden Sätzen oder Versen | Der Krug war schön. Der Krug zerbrach. |
| ***Klimax*** | Steigerung | groß, größer, am größten |
| ***Antiklimax*** | Gegenteil der Steigerung | Wir haben XL, L, M und S |
| ***Antithese*** | Gegenüberstellung von Gegensätzen | Der Himmel dort oben, die Erde hier unten |
| ***Symbol*** | Ein abstrakter Sachverhalt wird durch ein Bild dargestellt. | weiße Taube (Frieden) |
| ***Akkumulation*** | Aufzählung unter einem Oberbegriff | Kleinwagen, Limousine, Cabrio und Pick-Up (Auto) |
| ***Ellipse*** | Unvollständiger, abgebrochener Satz | Wenn ich dich erwische …! |

# 7 Folgen der Prozessführung Adams herausarbeiten

## Sachanalyse (9. und 10. Auftritt)

Der 9. Auftritt beginnt mit einem Wortwechsel zwischen Adam und Walter. Ersterer möchte einen Vergleich anstellen zwischen den Parteien, um die Aussage von Eve abzuwenden, obwohl offiziell noch immer nicht herausgekommen ist, wer den Krug zerschlagen hat; Walter ist nicht klar, was verglichen werden soll: »Ihr greift, ich seh, mit Eurem Urteil ein, / Wie eine Hand in einen Sack voll Erbsen« (1086 f.). Bevor Eve ihre Aussage auf Aufforderung Walters hin machen kann, verdeutlicht ihr Adam nochmals, was sie sagen dürfe und was nicht, sowie was Ruprecht drohe, wenn sie einen Dritten, also ihn, belasten würde. Auch Marthe, aus deren Aussage hervorgeht, dass sie 49 Jahre alt ist und zwei Tage darauf, also am 3.2. Geburtstag hat, sowie Ruprecht reden durcheinander auf Eve ein. Deutlich wird an diesem Wortwechsel die teils derbe Wortwahl, mit der vor allem die Bauern, aber auch Adam charakterisiert werden. So beschimpft Marthe Ruprecht als »Maulaffe« (1131), Adam Marthe als »Schafsgesicht« (1135) und Ruprecht als »Nasweis« (1130).

Ruprecht hat mit Eve Mitleid wegen des Hin und Her: »Sie jammert mich. Lasst doch den Krug, ich bitt Euch; / Ich will'n nach Utrecht tragen. Solch ein Krug – / Ich wollt ich hätt ihn nur entzwei geschlagen« (1159 ff.). Eve hält ihm eine Strafpredigt wegen seiner Eifersucht und beklagt, dass er ihr vertrauen hätte sollen, egal, was passiert sei. Sie spricht Ruprecht frei von der Schuld am zerbrochenen Krug. Als Adam sie nun allerdings drängt, den Flickschuster zu beschuldigen, fährt sie ihn zornig an: »Er Unverschämter, Er! Er Niederträchtger! / Wie kann Er sagen, dass es Lebrecht –«, woraufhin sie von Walter heftig zurechtgewiesen wird: »Jungfer! / Was untersteht Sie sich? Ist das mir der / Respekt, den Sie dem Richter schuldig ist?« Dies lässt sie jedoch nicht auf sich sitzen, sondern erwidert weiterhin wütend: »Ei, was! Der Richter dort! Wert, selbst vor dem / Gericht, ein armer Sünder, dazustehn – / – Er, der wohl besser weiß, wer es gewesen!« (1207–1214). Die für die Verhörsituation typische sprachliche Ausgestaltung mit Frage-Antwort-Sentenzen kommt hier zum Ausdruck, untypisch ist allerdings die Beschuldigung des Richters durch eine Prozessbeteiligte. Eve scheint durch den Verlauf des Prozesses und vor allem Adams Verhalten zunehmend erzürnt zu sein.

Erneut möchte Adam eine weitere Aussage von Eve vermeiden mit der Ausrede, dass deren Vater ein Freund von ihm gewesen sei. Eve erklärt nochmals, dass sie keine Aussage vor Gericht machen könne bzw. möchte, dass sie sich zu einem späteren Zeitpunkt aber ihrer Mutter anvertrauen würde, was Adam begrüßt. Marthe jedoch ist erbost darüber, dass ihre Tochter ihr in den Rücken fällt, und überlegt nunmehr öffentlich, ob nicht noch ein anderes »Verbrechen« in der »Nacht von gestern« vor sich gegangen sei als »bloß die Krugverwüstung« (1304 ff.), also auch die Entjungferung Eves. Sie vermutet zudem, dass Ruprecht Eve zur Flucht angestiftet haben könnte unter Mitnahme ihrer Mitgift, da er ohnehin demnächst zum Kriegsdienst einberufen würde. Frau Marthe führt weiter aus, dass sie durch Frau Brigitte beweisen könne, dass Ruprecht früher als zu der von ihm angegebenen Zeit bereits mit Eve im Garten gesprochen habe. Ruprechts Vater glaubt nun seinem Sohn nicht mehr, zumal dieser am Abend vorher seine Taschen gepackt hatte. »Durch den Einbruch der in sich selbst, in Wahrheit und Lüge, in Sein und Schein, gespaltenen Existenz Adams in diese Welt des Vertrauens sind mit dem Krug auch die menschlichen Beziehungen zerbrochen, das Vertrauen zwischen Mutter und Tochter, zwischen Vater und Sohn, zwischen Bräutigam und Braut, und über diese Beziehungen hinaus das Vertrauen zur Obrigkeit.«[1] Adam dagegen ist zumindest zu einem Teil erfreut über die Wendung der Dinge und lässt Frau Brigitte holen, wenngleich er die Verhandlung wegen der vorangeschrittenen Zeit noch lieber abgebrochen hätte.

Im 10. Auftritt bietet Adam Walter in belustigender Weise die feinsten Köstlichkeiten (»Butter, frisch gestampft, Käs auch aus Limburg, / Und von der fetten pommerschen Räuchergans« 1426 f., »Niersteiner? [...] Oder guter Oppenheimer?«, 1509 f.) zu essen und trinken an, was dieser nur in geringem Maße annimmt, da er Adam befragen möchte. Adam versucht durch die Benennung immer neuer Leckereien auszuweichen.

Währenddessen schickt der Richter die »Leute« (1420) fort, um Zeit mit Eve herauszuschlagen: »Zwei Augenblicke mit der Dirn allein« (1445). Walter jedoch nutzt die Pause, um Adam nach seinen Wunden am Kopf auszufragen. Die Ausreden Adams, dass er gegen den Ofen gestolpert sei, hinterfragt dieser, da die Wunden auf beiden Seiten des Kopfes seien.

1 Albert M. Reh, »Der komische Konflikt in dem Lustspiel *Der zerbrochne Krug*«, in: Walter Hinderer (Hrsg.), *Kleists Dramen. Neue Interpretationen*, Stuttgart 1981, S. 108.

Adam hat offenbar auch Kratzer, die Walter bemerkt: »Hättet Ihr ein Weib, / So würd ich wunderliche Dinge glauben, / Herr Richter. [...] / So rings seh ich zerkritzt Euch und zerkratzt« (1473–76). Adam findet auch hierfür eine Ausrede, nämlich am Ofen trocknende Zweige, doch Walter, der seinen Verdacht erhärten möchte, fragt weiter, dass es doch seltsam sei, dass ausgerechnet nun auch die Perücke verschwunden sei, und möchte wissen, wie das zuging. Hier wird für das Publikum endgültig klar, dass Adam nicht die Wahrheit spricht, denn nun behauptet er, dass er seine Perücke versehentlich an einer Kerze entzündet habe. »Die Sprache Adams, die von seinem Bemühen um das Nicht-Aussprechen der Wahrheit geprägt ist, hat ein Aneinandervorbei-Reden zur Folge, das zum eigentlichen Vorgang des Dramas wird. Der Dialog wird [...] bestimmt von absichtlichem Mißverstehen, Stockungen, Unterbrechungen.«[2] Walter fragt Frau Marthe nach der Höhe des Fensters; es sei nicht hoch, führt sie an, aber ein dicht gewachsener Weinstock würde eine Flucht stark behindern. Er fragt Ruprecht nach der Art und Anzahl der Schläge, die er dem Flüchtenden zugefügt hatte. »Zweimal, ihr Herrn«, ist die Antwort (1542). Die Aussage Frau Marthes, »Könnt ich Niersteiner, solchen, wie Ihr trinkt, / Und wie mein selger Mann, der Kastellan, / Wohl auch, von Zeit zu Zeit, im Keller hatte, / Vorsetzen dem Herrn Vetter, wär's was anders: / Doch so besitz ich nichts, ich arme Witwe, / In meinem Hause, das ihn lockt« (1600–05), kommentiert Walter mit: »Um so viel besser« (1606) in Anspielung auf mögliche Versuche Adams, Eve nachzustellen.

Das Stück ist wegen seines Prozesscharakters und der nur in den Erzählungen der Zeugen zum Ausdruck kommenden Handlung »schwer zu spielen und zu lesen.«[3] Trotzdem führen inzwischen Theaterkurse in Schulen das Stück zunehmend auf nach den erforderlichen Kürzungen.[4] Möglicherweise liegt das an der interessanten sprachlichen Gestaltung, denn die schnellen Dialoge und die vereinzelten langen Monologe bieten ein besonderes dramatisches Potenzial, sowohl inhaltlich als auch sprachlich. »Die Figuren sind, abgesehen von den Amtspersonen, einfache Bauern und Dienstleute. Die Sprache zeichnet sich aus durch eine vor Derbheit nicht zurückschreckende Anschaulichkeit, die in komischem Kontrast zum kunstvollen Jambenvers steht. Ihr Hauptagent ist der Protagonist selbst, dessen fulminante Körperpräsenz sich in einer ebenso fulminanten, vor Sinnlichkeit, Phantasie und Doppeldeutigkeit strotzenden Sprachlust auslebt.«[5] Zwar wird diese Art der sprachlichen Gestaltung im gesamten Stück deutlich, doch tritt sie wegen der gegenseitigen Beschuldigungen und der Ausflüchte Adams im 9. und 10. Auftritt besonders zu Tage.

2 *Kindlers neues Literaturlexikon. Hauptwerke der deutschen Literatur*, Bd. 1, München 1994, S. 482 f.

3 Ingo Scheller, *Unsichtbares Theater der Gewalt. Heinrich von Kleist: Der zerbrochene Krug. Vorschläge, Materialien und Verfahren zur szenischen Interpretation*, Oldenburg 1995, S. 5.

4 Vgl. Theodor Pelster, *Lektüreschlüssel. Heinrich von Kleist: »Der zerbrochne Krug«*, Stuttgart 2004, S. 76.

5 Helmut J. Schneider, *»Der zerbrochne Krug«*, in: Ingo Breuer (Hrsg.), *Kleist Handbuch. Leben – Werk – Wirkung*, Stuttgart 2013, S. 34.

## Unterrichtsverlauf

**Überblick.** Die Schülerinnen und Schüler erarbeiten anhand eines kleinen Dramenausschnitts dessen sprachliche Gestaltung und führen daran anschließend eine erste schriftliche literarische Interpretation aus. Darüber hinaus werden sie fakultativ kreativ tätig, um tiefergehende Beweggründe der Figuren zu überlegen.
! **Verkürzter Verlauf: 7.1 – 7.2 – 7.3**

| Phase | Thema | Sozialform | Kompetenzen und Lernziele | Materialien |
|---|---|---|---|---|
| **Voraussetzungen: Kenntnis des Dramentextes bis 1606** | | | | |
| 7.1 | Einstieg: Lautes Lesen des Dialogs zwischen Ruprecht und Veit | UG | • Den Konflikt als solchen erkennen<br>• Szenische Hinführung zur literarischen Interpretation<br>• Einordnung in den Gesamtzusammenhang | |
| 7.2 | Planen und Verfassen einer literarischen Interpretation | EA / PA | • Vertieftes Textverständnis erlangen<br>• Einen Dramenausschnitt literarisch interpretieren | ARBEITSBLATT 7a<br>➤ S. 59 f. |
| 7.3 | Überarbeitung der literarischen Interpretation | EA | • Kriterien der literarischen Interpretation am Fremdtext nachvollziehen | ARBEITSBLATT 7a<br>➤ S. 59 f. |
| 7.4<br>**fakultativ** | Kreative Erweiterung: Tagebuch oder Talkshow | EA / GA / UG | • Fremdverstehen und Identitätsbildung entwickeln<br>• Sprachliche Ausdrucksweisen nachvollziehen | ARBEITSBLATT 7b<br>➤ S. 61 |
| HA | Lektüre des 11. Auftritts | | | *Der zerbrochne Krug*, Reclam XL, 1606–1908 |

### 7.1 Einstieg: Lautes Lesen des Dialogs zwischen Ruprecht und Veit

UG

**Unterrichtsschritt.** Um deutlich zu machen, wie sich die intriganten Handlungen Adams auf die anderen Personen auswirken, wird zum Einstieg der sich entwickelnde Konflikt zwischen Ruprecht und seinem Vater Veit (*Der zerbrochne Krug*, Reclam XL, 1352–72) mit verteilten Rollen laut im Plenum gelesen. Im Anschluss wird die Einordnung des Konflikts in den Gesamtzusammenhang gemeinsam mit Hilfe folgender Leitfragen thematisiert.

- Was ist der Auslöser für den Konflikt zwischen Ruprecht und Veit?
- Fällt Ihnen auf den ersten Blick auf, welche rhetorischen Mittel besonders häufig in dieser Auseinandersetzung vorkommen?

**Erläuterungen.** Durch die laute Lektüre wird den Schülerinnen und Schülern bereits ein erster Einblick in die sprachliche Gestaltung des Konflikts deutlich. Die sprachlichen Mittel sowie die aufeinander folgenden schnellen Sprecherwechsel, ohne den anderen jeweils ausreden zu lassen oder ihm genau zuzuhören, kennzeichnen generell Konflikte und sind den Schülerinnen und Schülern sicherlich aus ihrem Alltag bereits bekannt, wenngleich vermutlich nicht immer bewusst.

Konfliktauslösend sind Frau Marthes und Adams Unterstellung – bei Letzterem gegen besseres Wissen –, Ruprecht sei in der Nacht bei Eve gewesen und habe auf der Flucht den Krug zerstört. Der Vater glaubt Marthe und dem Vertreter der Obrigkeit mehr als seinem Sohn. Dieser ist naturgemäß empört über diese Ungerechtigkeit. Das ist für Schülerinnen und Schüler gut nachvollziehbar.

Rhetorische Mittel, die leicht erkennbar und durch ARBEITSBLATT 6 bekannt sind:

- rhetorische Fragen (Veit: 1352, 1354 ff., 1366 f., Ruprecht: 1353, 1356, 1366, 1368), die Unterstellungen seitens Veit und Hilflosigkeit seitens Ruprecht ausdrücken, aber keine Aufklärung des Sachverhalts herbeiführen, sondern die Konfrontation verschärfen

- Ausrufe (Ruprecht: »weil's nicht wahr ist, Vater!«, 1357; Veit: »nimm dich in Acht!«, 1360) als Signale der Erregung
- Repetitio (»Warum hast du eingepackt / [...] Warum hast du [...] eingepackt«, 1366 f.) zur Verstärkung
- Hyperbel (»Dir brech ich alle Knochen noch«, 1353) zur Hervorhebung der Drohung
- Akkumulation (»Sachen«: »Röcke, Hosen, ja, und Wäsche«, 1368) zur Spannungssteigerung
- Metapher (»steckt / Doch unter einer Decke«, 1362 f.), die zugleich auch wörtlich gemeint sein kann (Doppeldeutigkeit)
- Ellipse (»Glaubt Er, dass ich –?«, 1372) als Ausdruck der Fassungslosigkeit

## 7.2 Planen und Verfassen einer literarischen Interpretation

**Unterrichtsschritt.** Die Schülerinnen und Schüler planen und verfassen weitgehend selbstständig mit Hilfe des ARBEITSBLATT 7a ***Literarische Interpretation eines Dramenausschnitts***, Arbeitsauftrag 1, eine literarische Interpretation zum Textausschnitt *Der zerbrochne Krug* XL, 1352–1372.

EA / PA

ARBEITSBLATT 7a

➤ S. 59 f.

**Erläuterungen.** Ob die Schülerinnen und Schüler in Einzel- oder Partnerarbeit vorgehen wollen, kann ihnen selbst überlassen oder von der Lehrkraft entschieden werden. Einige werden möglicherweise noch Hilfe beim Verfassen benötigen, hierfür bietet sich eine Tandemarbeit zwischen einem stärkeren und einem schwächeren Schüler an. Für die anschließende Überarbeitung ist allerdings erforderlich, dass die Schülerinnen und Schüler jeweils einen eigenen Text vorliegen haben.

## 7.3 Überarbeitung der literarischen Interpretation

**Unterrichtsschritt.** Die Schülerinnen und Schüler fertigen mit Hilfe der kriterienorientierten Fragen auf ARBEITSBLATT 7a einen Kriterienkatalog für die Arbeit eines Mitschülers bzw. einer Mitschülerin auf einem Blockblatt an. Anschließend korrigieren sie diese fremde Arbeit (ARBEITSBLATT 7a, Arbeitsauftrag 2).

EA

ARBEITSBLATT 7a

➤ S. 59 f.
Lösungshinweise
➤ S. 87

**Erläuterungen.** Durch die Korrektur einer anderen als der eigenen schriftlichen Arbeit wird der Blick geschärft für Erfordernisse der literarischen Interpretation. Hilfreich ist es für gewöhnlich für die Schülerinnen und Schüler, wenn sie als Beispiel eine literarische Interpretation als Vorbild erhalten, wie sie in den Lösungshinweisen zu ARBEITSBLATT 7a zu finden ist.

## 7.4 Kreative Erweiterung: Tagebuch oder Talkshow (fakultativ)

**Unterrichtsschritt.** Die Schülerinnen und Schüler, die schon früher fertig sind mit dem Schreiben ihrer literarischen Interpretation, können im Anschluss gemeinsam die Szenen kreativ erweitern und einen Blick hinter das direkt Wiedergegebene vornehmen. Dafür haben sie die Auswahl zwischen zwei Arbeitsaufträgen, die in ARBEITSBLATT 7b ***Kreative Erweiterung: Tagebuch oder Talkshow*** vorgestellt werden. Nach einer Vorbereitungszeit von etwa 20 Minuten sollten die Ergebnisse im Plenum präsentiert werden.

EA / GA / UG

ARBEITSBLATT 7b

➤ S. 61

**Erläuterungen.** Mit dieser kreativen Erweiterung des Dargestellten erfahren die Schülerinnen und Schüler ein vertieftes Verständnis für das bisher Geschehene. Sie versetzen sich in unterschiedliche Perspektiven, gelangen zu Fremdverstehen und entwickeln Imaginationsfähigkeit.

Die Einteilung in zwei Gruppen geht davon aus, dass nicht alle Schülerinnen und Schüler gleiche Interessen haben, sowie vom damit zusammenhängenden ambivalenten Literaturverständnis. Dennoch verfolgen beide Methoden sehr ähnliche Ziele.

Das Hineinversetzen in die Rollen ist auch für das szenische Spiel eine der Hauptherausforderungen für die Spielerinnen und Spieler und kann damit auch als Vorübung für die spätere szenische Aufführung dienen.

**Hausaufgabe**

In häuslicher Lektüre lesen die Schülerinnen und Schüler den 11. Auftritt (*Der zerbrochne Krug*, Reclam XL, 1606–1908) und kürzen ggf. den 9. und 10. Auftritt.

# Literarische Interpretation eines Dramenausschnitts

**Arbeitsauftrag 1:**
Durch die Prozessführung Adams kommt es zu einem Vertrauensverlust und zu Konflikten bei den Parteien. Verdeutlichen Sie diese Vorgänge anhand des Gesprächs zwischen Veit und Ruprecht in den Versen 1352–1372. Berücksichtigen Sie dabei auch die eingesetzten rhetorischen Mittel.

Stellen Sie Ihren Ausführungen eine Einordnung des Ausschnitts in den Gesamtzusammenhang des Lustspiels voran (Einleitung) und runden Sie Ihre Erarbeitung ab mit einem knappen Resümee zu Ihren Ausführungen (Schlusssatz).

Planen Sie im Vorfeld Ihren Text mit einer ähnlichen Tabelle zu diesem Textausschnitt, wie Sie sie von ARBEITSBLATT 6 bereits kennen (auf einem Blockblatt):

| Rhetorisches Mittel | Textstelle im Zitat mit Versangabe in Klammern | Wirkung in Bezug auf die Frage |
|---|---|---|
| | | |
| | | |
| | | |

**Arbeitsauftrag 2:**
Korrigieren Sie den Text eines Mitschülers / einer Mitschülerin mit Hilfe der unten aufgeführten »Kriterien für die literarische Interpretation«. Schreiben Sie Verbesserungen direkt in den Text und ergänzen Sie Ihre Beurteilung mit einem Kriterienkatalog. Zeichnen Sie dafür eine Tabelle auf ein Blockblatt nach folgendem Schema:

| Kriterium | Meine Anmerkungen |
|---|---|
| Einleitung: Einbettung des Dramenausschnitts | z. B.: bereits schlüssig dargestellt |
| Hauptteil: Finden von rhetorischen Mitteln, die zur Frage passen | z. B.: hier fehlt manchmal noch der Zusammenhang zur Frage |
| | |

| Kriterien für die literarische Interpretation |
|---|
| ***Einleitung:***<br>• Wird in der Einbettung des Dramenausschnitts in das Gesamtgeschehen der Zusammenhang deutlich? |
| ***Hauptteil:***<br>• Werden passende rhetorische Mittel gefunden, die eine Antwort auf die Fragestellung liefern?<br>• Werden Erläuterungen in Bezug auf deren Wirkung im Hinblick auf die Fragestellung vorgenommen?<br>• Ist eine klare Reihenfolge der Vorgehensweise ersichtlich: linear oder aspektorientiert? |
| ***Schluss:***<br>• Erfolgt im letzten Satz eine knappe Zusammenfassung der Erkenntnisse? |

ARBEITSBLATT 7b

## Kreative Erweiterung: Tagebuch oder Talkshow

Stellen Sie sich jeweils vor, dass nach diesem 10. Auftritt im Prozess eine längere Pause bis zum nächsten Tag gemacht wird. Sie wissen bereits, was bis dahin im Drama passiert ist. Auf dieser Grundlage können Sie sich für einen der folgenden Arbeitsaufträge entscheiden:

**Arbeitsauftrag Tagebuch:**

Am Abend dieses imaginären ersten Prozesstages gehen den einzelnen Figuren unterschiedliche Gedanken durch den Kopf, die sie in Form eines Tagebucheintrags strukturieren möchten. Verteilen Sie in Ihrer Gruppe Tagebuchschreibaufträge an möglichst viele unterschiedliche Figuren:

Adam, Eve, Frau Marthe, Walter, Licht, Veit, Ruprecht.

Überlegen Sie sich, was die Figuren über das Vergangene erzählen könnten, aber auch ihre Hoffnungen, Wünsche und Vorsätze für den nächsten Tag, an dem der Prozess fortgeführt wird.

**Arbeitsauftrag Talkshow:**

Am Abend dieses imaginären ersten Prozesstags findet eine Talkshow statt. Daran nehmen so viele Personen teil, wie Sie in Ihrer Gruppe an Rollen zu vergeben haben:

1. Ein Moderator, 2. Adam, 3. Eve, 4. Frau Marthe, 5. Walter, 6. Licht, 7. Veit, 8. Ruprecht.

Sollten Sie weitere Mitschülerinnen und -schüler ohne Rolle haben, teilen Sie die Großgruppe in zwei Untergruppen auf, so dass vielleicht nicht alle im Stück vorkommenden Figuren zu Wort kommen, aber doch alle Mitglieder der Gruppe. Alle erhalten eine Rollenzuteilung und machen sich Notizen, was ihrer Person auf dem Herzen liegt bzw. was diese Person unbedingt in der Talkshow sagen möchte. Überlegen Sie sich auch, auf welche Weise diese Person vielleicht körpersprachlich gekennzeichnet sein könnte.

# 8 Aus der Zeugenbefragung Charaktere erschließen

## Sachanalyse (11. Auftritt)

»Die dörflichen Lebensverhältnisse in Huisum werden uns durch das, was wir im Stück durch den Schauplatz und über die Beziehungen zwischen den Menschen erfahren, sehr anschaulich vor Augen geführt.«[1] Zu ihnen gehört, dass die Einheimischen in einer Solidargemeinschaft leben, sich gegenseitig helfen, aber auch beobachten. »Viele sind miteinander verwandt, aber auch dort, wo das nicht der Fall ist, behandeln sie sich oft wie Mitglieder einer großen Familie, nennen sich ›Muhme‹, ›Vetter‹ und ›Gevatter‹, was in der Regel kaum mehr bedeutet, als dass man sich gut kennt. Eve z. B. wird im Gespräch zwischen Adam und dem Gerichtsrat ›Jungfer Muhme‹ genannt, ist aber mit Adam sicher nicht verwandt.«[2] Nur Frau Brigitte wird explizit als Tante Ruprechts, als Schwester seines Vaters, vorgestellt.

Während Adam zum Beginn des 11. Auftritts wiederum Eve bedroht, betritt eben diese »Muhme Briggy«, Frau Brigitte, die Szene, eine Perücke in der Hand haltend. Walter möchte wissen, woher diese Perücke stamme. Licht antwortet: »Die Frau fand die Perücke im Spalier / Bei Frau Margrete Rull. Sie hing gespießt, / Gleich einem Nest, im Kreuzgeflecht des Weinstocks, / Dicht unterm Fenster, wo die Jungfer schläft« (1625–28). Walter wendet sich zu Adam im Vertrauen, um ihn um eine Aussage zu bitten. Adam redet sich heraus: »Hier die Perück ihr Herren, ist die meine! / Das ist, Blitz-Element, die nämliche, / Die ich dem Burschen vor acht Tagen gab, / Nach Utrecht sie zum Meister Mehl zu bringen« (1635–38). Mit »dem Burschen« meint er Ruprecht, den er in der Folge beschimpft, die Perücke nicht abgegeben zu haben. Ruprecht wehrt sich gegen die Anschuldigungen, wobei er Rückhalt erhält durch Frau Brigitte, die am Abend vorher das Gespräch im Garten belauscht hatte: »Ihr Herrn, Der Ruprecht, mein ich, halt zu Gnaden, / Der war's wohl nicht« (1665 f.). Sie hat gehört, wie sich Eve gegen einen Mann heftig zur Wehr gesetzt hat; das kann nicht Ruprecht gewesen sein. Frau Brigitte hat auf ihrem Rückweg nach Hause auch den Flüchtenden gesehen: »ein Kerl […] kahlköpfig, / Mit einem Pferdefuß, und hinter ihm / Erstinkt's wie Dampf von Pech und Haar und Schwefel« (1685 ff.). Frau Brigitte meint naiv und ohne jegliche Ironie, es sei der Teufel persönlich gewesen. Sie untersuchte daraufhin im Schnee die Spuren unter Eves Fenster: »Rechts fein und scharf und nett gekantet immer, / Ein ordentlicher Menschenfuß, / Und links unförmig grobhin eingetölpelt / Ein ungeheurer klotzger Pferdefuß« (1716–19). Walter will das als Unsinn abtun, doch Frau Brigitte zeigte diese Spur dem Schreiber Licht, der sie bezeugt. Adam macht daraufhin ganz im Ernst den Vorschlag, den Teufel anzuklagen, »ein Antrag, wie ich ihn von Euch erwartet« (1753), erwidert Walter ironisch. Deutlich wird in der Annahme von Frau Brigitte und dem von allen anderen außer Walter und Licht akzeptierten Vorschlag Adams der häufig noch vorhandene Aberglauben in den dörflichen Gemeinschaften im Vergleich zum aufklärerischen modernen Denken, das mit dem neuen Rechtssystem verbunden ist.

Frau Brigitte führt weiter aus, dass die Spur an Ausscheidungen vorbei (Adam: »Verflucht mein Unterleib«, 1774) direkt zum Gerichtssaal führe. Ruprecht, der die Zusammenhänge noch nicht für sich entwirrt hat, sagt: »Wird doch der Teufel nicht / In dem Gerichtshof wohnen?« (1784 f.). Adam möchte nun – belustigend für das aufgeklärte Publikum – alles, was im Gerichtshof Negatives vor sich geht, auf den imaginären Teufel schieben: »Der Kerl, passt auf, hat den Gesetzen hier / Was angehängt. Ich will nicht ehrlich sein, / Wenn es nicht stinkt in der Registratur. / Wenn meine Rechnungen, wie ich nicht zweifle, / Verwirrt befunden werden sollten« (1795–99). Bei Walter jedoch verfangen diese Schuldzuweisungen Adams im Hinblick auf höhere Mächte nicht. Er bittet Adam um Schnupftabak, um zu sehen, welches seiner Beine den Klumpfuß habe, doch dieser durchschaut die List und schickt Licht, so dass Walter in die Menge die Frage stellt: »Sagt doch, ihr Herrn, ist jemand hier im Orte, / Der missgeschaffne Füße hat?« (1809 f.). Adam hat seinen Klumpfuß, auf den Walter anspielt, nicht nur mit dem Teufel, sondern auch mit Ödipus gemein, dessen missgestaltete Füße seine Herkunft markieren, und »[w]ie Ödipus ist auch Adam, der gefallene Mensch – einige Anspielungen auf den biblischen Sündenfall durchziehen den Text – markiert von seinem vorgängigen ›Gefallensein‹, das mit seinem Menschsein gleichbedeutend ist«.[3]

Walter ermahnt Adam, jetzt alles zuzugeben, doch dieser flüchtet sich weiterhin in Ausreden, bis Walter zornig wird. In der Folge wird die Lüge Adams mit sei-

1 Helwig Kuhl, *Der zerbrochne Krug. Ein Unterrichtsmodell zum Lustspiel von Heinrich von Kleist*, Heilbronn 2010, S. 54.

2 Ebd.

3 Helmut J. Schneider, »*Der zerbrochne Krug*«, in: Ingo Breuer (Hrsg.), *Kleist Handbuch. Leben – Werk – Wirkung*, Stuttgart 2013, S. 35.

ner zweiten Perücke aufgedeckt. Auch Ruprecht begreift nun, was vorgefallen ist: »Ei, solch ein Donnerwetter-Kerl!« (1863) – im gleichen Moment wie Frau Marthe. »Ei, solch ein blitz-verfluchter Richter, das!« (1864).

Obwohl der Dorfrichter für alle erkennbar der Schuldige ist, spricht Adam auf Drängen Walters hin in seinem Gerichtsurteil Ruprecht schuldig und möchte ihn ins Gefängnis sperren lassen. Diese Gefahr für Ruprecht ist der Wendepunkt für Eve: Das Urteil bringt sie endlich dazu, den Mund aufzumachen und die Schuld Adams zu beteuern: »Er dort, der Unverschämte, der dort sitzt, / Er selber war's. […] / Der Richter Adam hat den Krug zerbrochen!« (1890–93). Sie stachelt Ruprecht an, sie zu rächen und auf Adam loszugehen, damit er seinen Gefängnisaufenthalt zumindest verdiene. Adam läuft fort, wobei sein Mantel in Ruprechts Händen zurückbleibt.

»Kleists Lustspiel lebt aus seinen prallen Charakteren, an der Spitze der Dorfrichter, eine beinah tragische Figur – Ankläger und Angeklagter, Verfolger und Verfolgter, gerissen und doch erbärmlich: ›Adam‹, der mit aller Macht und Tücke ›Eve‹ begehrt, dabei Lüge und Ungerechtigkeit nicht scheut und vom ›Walter‹ der Gerechtigkeit entdeckt wird, der ›Licht‹ an die Stelle des Dunkel verbreitenden Richters setzt.«[4] Eve ist das unschuldige Mädchen, das auf dem Feld arbeitet und offenbar keine schulische Bildung genossen hat (Variant 2078), das stets das Beste möchte, jedoch im Prozess an die Grenzen ihrer Integrität gerät, zumal sie von ihrer ihr nicht vertrauenden Mutter in die Ecke gedrängt wird. Eve ist damit das Gegenbild zur biblischen Eva, nämlich diejenige, die sich gegen Verführung wehren musste.

Auch Ruprecht ist von Eifersucht und Misstrauen geprägt gegenüber seiner Verlobten; Gleiches spiegelt sich wider im Verhältnis von Veit zu seinem Sohn. Frau Brigitte schließlich ist der Aberglaube in Person, der missbraucht werden kann von den des Lesens und Schreibens Mächtigen, den Oberen der Gesellschaft, z.B. Adam als Richter, der eine »Bloßstellung des Justizapparates«[5] der damaligen Zeit herbeiführt.

4 *Kindlers neues Literaturlexikon. Hauptwerke der deutschen Literatur*, Bd. 1, München 1994, S. 482.

5 Theodor Pelster, *Lektüreschlüssel. Heinrich von Kleist: »Der zerbrochne Krug«*, Stuttgart 2004, S. 53.

## Unterrichtsverlauf

**Überblick.** Die Schülerinnen und Schüler erfassen in der Darstellung der Figurenkonstellation inhaltliche Verknüpfungen des Lustspiels. In der Zeugenbefragung und deren Auswirkungen erkennen sie typische Charakterzüge der einzelnen Figuren. **! Verkürzter Verlauf: 8.1 – 8.2 – 8.3**

| Phase | Thema | Sozialform | Kompetenzen und Lernziele | Materialien |
|---|---|---|---|---|
| **Voraussetzungen: Kenntnis des Dramentextes bis 1908** | | | | |
| 8.1 | Einstieg: Spiel Freeze | UG | • Aufwärmen für das szenische Verfahren | (Musik) |
| 8.2 | Standbild zur Figurenkonstellation im Raum | GA / UG | • Figurenkonstellation im Raum bewusst machen<br>• Fremdverstehen durch Einfühlungsübung | |
| 8.3 | Nachvollziehen von Beziehungen in einer Skizze | GA / UG | • Figurenkonstellation in anderes Medium bringen<br>• Zusammenhänge verstehen | VORLAGE 8 ➤ S. 65<br>TAFELBILD 8 ➤ S. 65<br>ARBEITSBLATT 4 ➤ S. 40 |
| 8.4 **fakultativ** | Schreiben einer fiktiven Autobiografie | EA / GA | • Fremdverstehen<br>• Identitätsbildung<br>• Kreativität | ARBEITSBLATT 8 ➤ S. 67 |
| HA | Lektüre des Dramenschlusses: 12. und 13. Auftritt sowie ›Variant‹ | | | *Der zerbrochne Krug*, Reclam XL, 1908–1974, ›Variant‹ 1908–2429 |

## 8.1 Einstieg: Spiel Freeze

UG

(Musik)

**Unterrichtsschritt.** Im Plenum bewegen sich die Schülerinnen und Schüler im Raum. Auf ein Zeichen hin (Klatschen der Lehrkraft, Klangschale oder Stoppen der Musik) bleiben alle in der Bewegung stehen, in der sie sich gerade befinden, »frieren« also sozusagen pantomimisch »ein«. Nach anfangs normalem Gehen können unterschiedliche »Gehweisen« erprobt werden, z. B. schleichen, rennen, hüpfen. Anschließend erfolgt eine Verknüpfung mit Gefühls- oder Gemütszuständen: fröhlich, traurig, genervt, entspannt, wütend, belustigt etc. Der dritte Schritt besteht in der Verbindung zu Gehweisen der Figuren aus dem Stück: »Gehe, wie du glaubst, dass Eve geht« etc. Wichtig ist stets das Freeze, das den Schülerinnen und Schülern ein stärkeres Einfühlen, aber auch szenischen Ausdruck ermöglicht.

**Erläuterungen.** Wenn szenische Verfahren im Unterricht durchgeführt werden, wie hier später der Aufbau einer Figurenkonstellation im Raum, bietet sich ein allgemeines Aufwärmen dafür an. Das nimmt Hemmungen und hilft, Spielfreude zu entwickeln. Dabei ist es sinnvoll, die Bewegungen an die vermutete Gehweise der Figuren zu knüpfen, also den Schülerinnen und Schülern z. B. den Auftrag zu erteilen, wie Adam oder wie Veit etc. zu laufen.

## 8.2 Standbild zur Figurenkonstellation im Raum

GA / UG

**Unterrichtsschritt.** Die Schülerinnen und Schüler stellen in Achtergruppen die Beziehung der nun vollständig bekannten Figuren im Raum dar. Jeder Schüler und jede Schülerin findet dabei zugleich eine körpersprachliche Ausdrucksweise, die für seine/ihre dargestellte Figur typisch sein könnte. Nach einer Planungsphase in Gruppenarbeit wird das Standbild im Plenum präsentiert. Dabei soll jeder kurz etwas zu seiner Darstellung sagen. Währenddessen soll auch auf den Inhalt des Auftritts und die darin vorgenommenen Enthüllungen eingegangen werden. Die Schülerinnen und Schüler können in diesem Zusammenhang Vermutungen anstellen, was am Abend vorher passiert ist.

**Erläuterungen.** Da erst ab dem 11. Auftritt alle handelnden Figuren bekannt sind, wird die Figurenkonstellation an dieser Stelle behandelt. Diese zu erfassen ist Grundlage für das Verständnis des gesamten Lustspiels, da so die Verstrickungen der vor Gericht anwesenden Figuren durch die »Vorhandlung« erfasst werden können.

Gegebenenfalls ist es beim Standbild erforderlich, einen »Architekten« einzusetzen, der einzelnen Figuren hilft, die eigene Position zu finden. Dieser kann im Plenum auch das gesamte Standbild erläutern. Den Rollendarstellern bleibt dann noch, ihre Gefühle in der Rolle und Position zu schildern. Durch diese Einfühlungsübung zur Perspektivenübernahme entwickeln die Schülerinnen und Schüler Fremdverstehen für ihre Figur. Wichtig ist es, im Anschluss an das Standbild ein klares »Aus-der-Rolle-Treten« vorzunehmen.

## 8.3 Nachvollziehen von Beziehungen in einer Skizze

EA / UG

VORLAGE 8
➤ S. 65
TAFELBILD 8
➤ S. 65
ARBEITSBLATT 4
➤ S. 40

**Unterrichtsschritt.** Die Schülerinnen und Schüler erarbeiten aufgrund ihres bisherigen Wissens über den Inhalt des Lustspiels die Figurenkonstellation in Einzelarbeit als Skizze. Darin zeichnen sie Verbindungen zwischen den handelnden Figuren ein und kennzeichnen diese mit typischen Adjektiven, wobei sie diese Deutung durch Textstellen aus *Der zerbrochne Krug*, Reclam XL, 11. Auftritt belegen (VORLAGE 8 ***Personenkonstellation***). Die Ergebnisse werden im Anschluss im Plenum besprochen und im TAFELBILD 8 gesichert.

Besonders schnell arbeitende Schülerinnen und Schüler erhalten ARBEITSBLATT 4 und füllen dieses für die bislang von ihnen noch nicht genauer analysierten Figuren aus. Dafür wählen sie sich selbstständig eine dieser Figuren aus. Alle anderen Schüler erledigen dies als Hausaufgabe.

**Erläuterungen.** Eine grafische Darstellung der Figuren und ihrer Bezüge zueinander in einer Figurenkonstellation hilft, eine optische Struktur herzustellen und damit Übersichtlichkeit in der persönlichen Vorstellungswelt zu schaffen.

VORLAGE 8

## Figurenkonstellation

**Arbeitsaufträge:**

1. Zeichnen Sie die Figurenkonstellation auf ein Blatt. Verdeutlichen Sie die Verbindungen zwischen den Figuren mit Linien, auf denen Sie die Beziehung beschreiben.
2. Finden Sie aus dem 11. Auftritt (*Der zerbrochne Krug*, Reclam XL, Vers 1606–1908) für jede Figur ein passendes Zitat, das die Figur charakterlich kennzeichnet, und ergänzen Sie das Zitat mit einer Interpretation (z. B. mit Hilfe eines Adjektivs, das die Figur beschreibt).

TAFELBILD 8

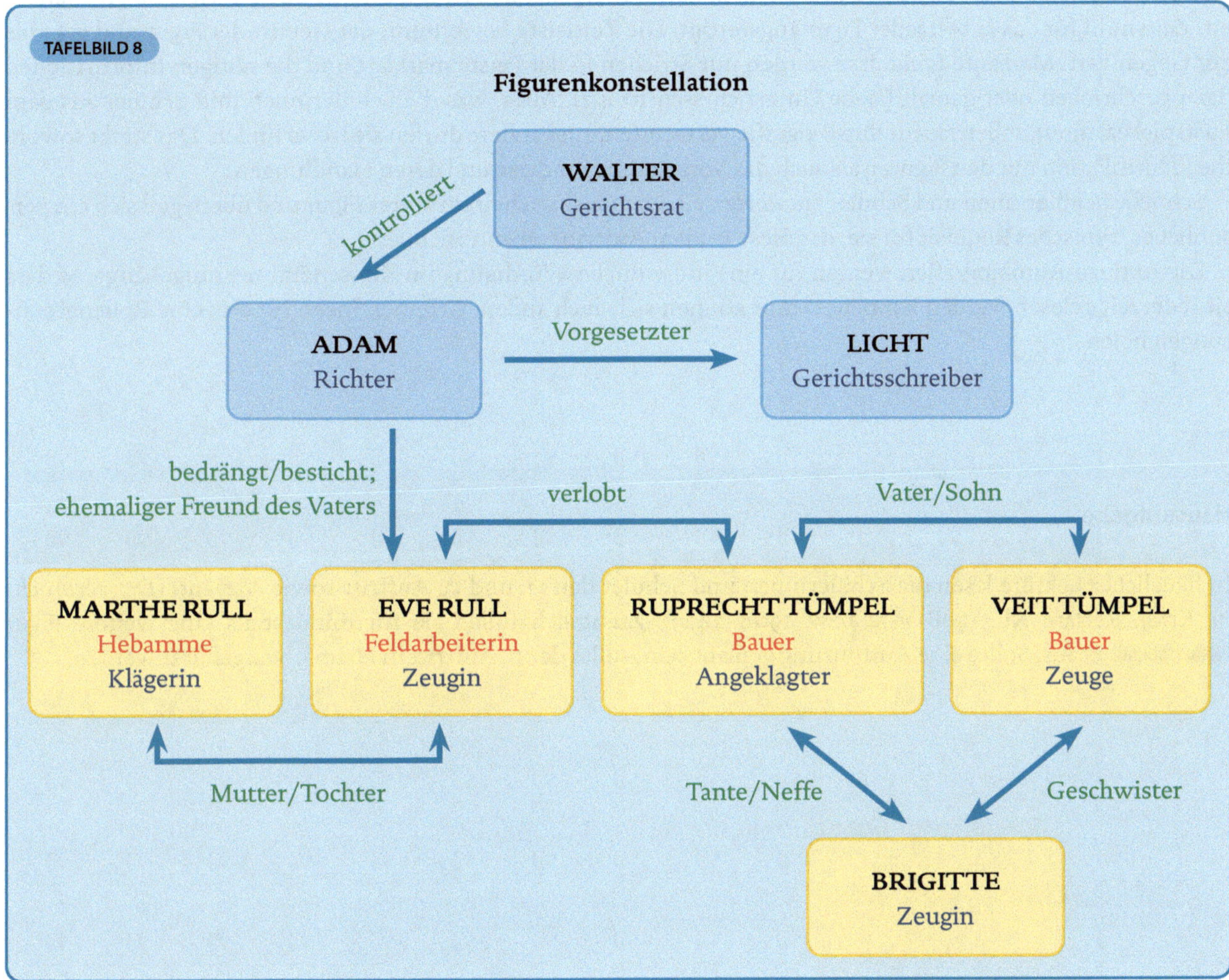


Eigenschaften, die die Schülerinnen und Schüler mit Zitaten belegen könnten, sind z. B.:

- Frau Marthe: beharrlich, misstrauisch
- Eve: gutgläubig, naiv, verliebt
- Ruprecht: eifersüchtig, hilflos
- Veit: misstrauisch, orientiert sich an Recht und Ordnung/Moral
- Frau Brigitte: abergläubisch, neugierig
- Licht: ehrgeizig, unterwürfig, klug
- Walter: objektiv, überlegt, souverän
- Adam: verlogen, nutzt sein Amt aus, hinterhältig

## 8.4 Schreiben einer fiktiven Autobiografie (fakultativ)

EA / GA

ARBEITSBLATT 8
➤ S. 67

**Unterrichtsschritt.** Nachdem die Schülerinnen und Schüler die Beziehungen der Figuren untereinander verstanden haben, setzen sie sich intensiver mit den einzelnen Figuren auseinander, indem sie eine fiktive Autobiografie für eine ausgewählte Figur entwerfen. Im Schreibprozess planen die Schülerinnen und Schüler mit Hilfe einer Zeitleiste sowie von Leitfragen ihren Text, bevor sie diesen verfassen (ARBEITSBLATT 8 ***Fiktive Figuren-Autobiografie***). Wichtig ist, dass sie den Text – wie für eine Autobiografie üblich – in der Ich-Perspektive verfassen.

**Erläuterungen.** Die Klasse arbeitet in ihren bereits bekannten Schauspielgruppen, in denen nun bereits jeder Schüler / jede Schülerin mindestens eine Rolle zugeteilt bekommen hat. Jede/r sollte zu »seiner Figur« eine Biografie verfassen. Hierfür wird zunächst (wenn in den vorhergehenden Unterrichtsstunden noch nicht geschehen) ein Zeitstrahl für das Leben jeder Figur angefertigt. Die Zeitleiste beginnt mit der Geburt der Figur und geht bis zur Gegenwart. Markante Ereignisse werden mit Strichen in der Leiste markiert und die nötigen Informationen dazu geschrieben oder gemalt (siehe Unterrichtsschritt 4.2). Alles, was die Schülerinnen und Schüler aus dem Lustspiel erfahren, sollen sie für ihre Biografie verwenden, alles andere dürfen sie frei erfinden. Das stärkt sowohl die Identifikation mit den Figuren als auch das Verständnis für diese und deren Handlungen.

Schnelle Schülerinnen und Schüler entwerfen ein Namenskärtchen für »ihre« Figur und überlegen sich ein persönliches, typisches Requisit für sie, das diese in allen Auftritten kennzeichnet.

Die fiktiven Autobiografien werden für eine individuelle Würdigung im Klassenzimmer aufgehängt, so dass sie jederzeit gelesen werden können. Damit können sich auch andere Gruppen Ideen für einzelne Rollengestaltungen holen.

---

### Hausaufgabe

In häuslicher Lektüre lesen die Schülerinnen und Schüler den 12. und 13. Auftritt sowie ›Variant‹ (*Der zerbrochne Krug*, Reclam XL, 1908–1974 bzw. 1908–2429). Zusätzlich füllen sie für mindestens eine weitere Figur ARBEITSBLATT 4 aus. Sollte eine Aufführung geplant sein, sollte der 11. Auftritt in Heimarbeit gekürzt werden.

ARBEITSBLATT 8

# Fiktive Figuren-Autobiografie

**Arbeitsauftrag:**

Verfassen Sie eine Autobiografie zu »Ihrer Rolle«! Denken Sie daran, in der Ich-Perspektive zu schreiben!

**Planen Sie zunächst Ihren Text**

a) mit Hilfe eines Zeitstrahls:

Geburt → Gerichtstag

b) mit folgenden Leitfragen:

- Wer bist du?
- Wer waren/sind deine Eltern? Welchen Beruf haben/hatten sie?
- Wie war deine Kindheit? Was hast du am liebsten gemacht? Was musstest du machen?
- Gab es für dich problematische Ereignisse in deiner Kindheit?
- Welche Schule/n hast du besucht? Hast du studiert?
- Was arbeitest du? Magst du deine Arbeit und warum?
- Was machst du in deiner Freizeit?
- Welche politischen (heute historischen) Ereignisse interessieren/belasten dich?
- Welche Probleme hast du? Welche Schwierigkeiten setzen dir zu?
- Wie ist heute deine Familiensituation?
- Was magst/machst du besonders gerne und was nicht?
- Mit wem bist du heute befreundet? Wer sind deine »Feinde«?
- In welchem Verhältnis stehst du zu den anderen Figuren aus dem Lustspiel?
- Wie sehen dich die anderen Figuren?
- Wie geht es dir in Bezug auf den Prozess?

# 9 Den Schluss des Lustspiels im Vergleich erfassen

## Sachanalyse (12. Auftritt)

Der 12. Auftritt liegt in zwei Fassungen vor; einer längeren älteren, dem sog. Variant, und einer kürzeren neueren, die heute meist gespielt wird. Dass die Länge von Kleists Lustspiel bei dessen ersten Aufführungen kritisiert wurde, mag auch daran liegen, dass die Geschehnisse, die dem Prozess zugrunde liegen, mehrfach aufgedeckt werden, in der Variantfassung des 12. Auftritts zum letzten Mal: »Zunächst rekonstruiert der Zuschauer sie selbst, und das rasch, aus dem Dialog, den er mitverfolgt. Dann werden die Vorgänge durch die Befragung der am Geschehen Beteiligten noch einmal, und das weit gründlicher, erzählt. Schließlich kommen aber, drittens, so gut wie alle Geschehnisse in der langen Auseinandersetzung zwischen Eve und dem Gerichtsrat Walter, die dic Hauptmaterie des ›Variant‹ bildet, noch einmal wieder vor.«[1] Auf der anderen Seite hat die Variantversion den Vorteil, dass der innere Konflikt, in den Adam Eve stürzt, viel deutlicher zum Ausdruck kommt als in der gekürzten Fassung, so dass somit dem Zuschauer die Hintergründe und der massive Verstoß Adams gegen Recht und Moral klarer vor Augen gestellt werden. Adam nutzt nicht nur den Analphabetismus des Mädchens aus, sondern auch seine Stellung als Vertrauens- und Amtsperson.

Die neuere Fassung dagegen rundet das Stück, ohne weitere Hintergründe zu benennen, zügiger ab: Zunächst wird die Reue Ruprechts wegen seines Misstrauens gegenüber seiner Braut dargestellt. Diese ist nach wie vor beunruhigt wegen der drohenden Einberufung Ruprechts. Sie bittet Walter, Ruprecht vor der Einberufung nach Ostindien zu schützen. Adam hatte ihr als »Geheimnis« (1917) anvertraut, dass dies bevorstehe, sowie seine Aussage schriftlich gestützt durch einen gefälschten Brief der Regierung, wie Walter entdeckt: »O unerhört, arglistiger Betrug! – / Der Brief ist falsch!« (1925 f.). Walter versichert Eve, Ruprecht freizukaufen, sollte er doch unrecht haben. Nun decken sich die weiteren Vorgänge der Nacht in Eves Rede auf: »O Himmel! Wie belog der Böswicht mich! / Denn mit der schrecklichen Besorgnis eben, / Quält' er mein Herz, und kam, zur Zeit der Nacht, / Mir ein Attest für Ruprecht aufzudringen; / Bewies, wie ein erlognes Krankheitszeugnis, / Von allem Kriegsdienst ihn befreien könnte; / Erklärte und versicherte und schlich, / Um es mir auszufertgen, in mein Zimmer: / So Schändliches, ihr Herren, von mir fordernd, / Dass es kein Mädchenmund wagt auszusprechen!« (1938–47) Ruprecht und Eve versöhnen sich, und alle sehen belustigt zu, wie Adam flieht, während »die Perücke ihm den Rücken peitscht« (1959). Walter setzt Licht bis auf Weiteres zum neuen Dorfrichter ein und bittet darum, Adam zurückzuholen.

»Die Erstfassung der Schlussszene« (ab S. 79) beginnt gleichfalls mit der Reue Ruprechts wegen seines Misstrauens; Eve jedoch zeigt sich beleidigt. Walter rügt sie, dass sie sich nicht ihrer Mutter anvertraut hatte: »so hätte / Sie dem Gerichte Schand erspart, und sich / Zweideutge Meinungen von ihrer Ehre« (1924–27). Er fragt weiterhin nach und möchte von Eve den genauen Hergang wissen, während Ruprecht versucht, sie in Schutz zu nehmen. Sie erbittet Hilfe von Walter und erzählt detailliert, wie Ruprecht zum Kriegsdienst einberufen worden sei und gegen die Spanier kämpfen müsse. Als sie wegen eines Botendiensts zum Richter Adam geschickt worden sei, erpresste dieser sie: »›[…] Was wohl gäbst du, / Wenn ich den Ruprecht dir von der Miliz befreite?‹« (2010 f.). Auf ihre Frage, wie er das schaffen würde, erwiderte er: »›Der Physikus, der kann, und ich kann schreiben, / Verborgne Leibesschäden sieht man nicht, / Und bringt der Ruprecht ein Attest darüber / Zur Kommission, so gibt die ihm den Abschied […]‹« (2015–18). Weiterhin habe er ihr als Geheimnis erzählt, dass die Einberufenen zum Kriegsdienst nach »Batavia« gesendet würden und dass Eve sich deshalb ob des vermutlichen Ablebens Ruprechts dort bereits dessen Erbschaft ausbezahlen lassen solle. Adam habe ihr einen Brief vorgelesen – da sie selbst nicht lesen könne – dass »die Landmiliz, im Wahn, sie sei / Zum innern Friedensdienste nur bestimmt, / Soll hingehalten werden bis zum März: / Im März dann schiffe sie nach Asien ein« (2073–76). Nach langen Auseinandersetzungen mit den Briten und Javanern im 17. Jahrhundert wurde Batavia (heute: Jakarta, Hauptstadt Indonesiens) nach dem Sieg der Holländer seit 1659/84 zum wichtigsten Handelsstützpunkt für Holland in Südostasien. Zu jener Zeit ging unter den jungen zum Militärdienst Einzuberufenden das Gerücht, dass sie zum Kriegsdienst in den Kolonien herangezogen würden, was viele zur Flucht bewegte.[2] Damit erpresste Adam Eve.

1 Hans Joachim Kreutzer, *Heinrich von Kleist*, München 2011, S. 48.

2 Vgl. Helwig Kuhl, *Der zerbrochne Krug. Ein Unterrichtsmodell zum Lustspiel von Heinrich von Kleist*, Heilbronn 2010, S. 22 f.

Eve erzählt weiter, wie sich die Geschehnisse am Abend zugetragen hatten: Adam sei um 10 Uhr zu ihr in den Garten gekommen, als sie gerade das Gartentor schließen wollte, habe sie in die Backen gekniffen »[u]nd fragt, ob Mutter schon zu Bette sei« (2121). Auf ihren Hinweis, dass ausgemacht gewesen sei, dass sie das Attest am nächsten Morgen bei ihm hole, erwiderte er, dass er am nächsten Tag verreisen müsse, wovon Licht auf Nachfrage Walters hin nichts weiß. Angeblich habe Adam jedoch den Nachnamen von Ruprecht nicht gekannt – er bringt ein Wortspiel mit dessen Nachnamen Tümpel sowie den Verunglimpfungen Simpel und Gimpel (2158 f.) – und müsse diesen jetzt nachtragen, wofür er das Licht in der Kammer von Eve benötige. Auf ihre Weigerung, ihn mitzunehmen, führte er an, dass er erst in einigen Tagen von der Reise zurückkäme, wenn Ruprecht bereits eingezogen worden sei, so dass sie ihn schließlich doch eingelassen habe. Innen habe er den Riegel vor die Türe gelegt, Weste und Perücke ausgezogen und die Perücke über den Krug gehängt. Dann habe er Eves Hände genommen: »Er, Niederträcht'ger, sag ich, / Da er jetzt spricht; was denkt Er auch von mir? / Und stoß ihm vor die Brust, dass er euch taumelt – / Und: Jesus Christus! Ruf ich: Ruprecht kömmt! / – Denn an der Tür ihn draußen hör ich donnern« (2218–22). Adam habe ihr noch gedroht, dass sie klug sein solle und den Schein am nächsten Morgen bei ihm holen, sonst zerreiße er den Schein sowie damit auch ihr Glück. Auf der Flucht aus dem Fenster habe er die Perücke vom Krug gerissen, wobei dieser zu Bruch gegangen sei. Nachdem Ruprecht und Eves Mutter sowie Nachbarn hereingestürzt waren, hätten diese Ruprecht beschuldigt, den Krug zertrümmert zu haben. Eve schwieg zu den Vorwürfen: »Und ich – ich schwieg, ihr Herrn; ich log, ich weiß, / Doch log ich anders nicht, ich schwör's, als schweigend« (2276 f.). Weiterhin führt Eve aus, dass sie am Morgen mit Ruprecht sprechen wollte, dass dieser sie jedoch nicht angehört habe (»Wenn ich ihm nah, so schmäht und schimpft er mich, / Und wendet sich, und will nichts von mir wissen«, 2302 f.). Walter erklärt, dass Aussage und Brief des Richters gefälscht gewesen seien, Licht bestätigt, dass die Miliz nicht eingeschifft werden solle, da sie eine »Landmiliz« (2320) sei. Dennoch glaubt Eve Walter noch nicht, woraufhin dieser ihr einen Beutel mit 20 Gulden übergibt: »Mit so viel Geld kaufst du den Ruprecht los« (2351); sollte die Miliz allerdings im Lande bleiben, müsse sie das Geld samt Zinsen ihm zurückzahlen, woraufhin sich Eve bei ihm entschuldigt für ihr Misstrauen. Walter verspricht, Ruprecht seinem Bruder, »[d]em Hauptmann von der Landmiliz« (2387) zur Aufnahme in seine Kompanie zu empfehlen sowie in einem Jahr, nach dem Militärdienst von Ruprecht, zur Hochzeit als Gast zu kommen. Auch Veit und Marthe sind nun wieder versöhnt mit den Kindern. Erst jetzt folgt wieder, was in der neuen Version des 12. Aufzugs geblieben ist: Alle sehen hinaus zum flüchtenden Adam. Walter meint, dass Adam, sollten die Kassen richtig sein, »wohl auf irgend einem Platze / Noch zu erhalten sein« werde (2421 f.).

»Der Leser hat die Wahl: gleichgültig, ob er die kürzere Fassung als Bühnen- und die ältere Langfassung, den ›Variant‹ als Lesefassung begreift oder ob er es vorzieht, das Verhältnis beider etwas differenzierter zu sehen, stets hat er es mit einem Werk zu tun, das ihn auffordert, dem Autor im Nachhinein recht zu geben – recht darin, daß er sich zur Umarbeitung entschließen konnte, recht aber auch darin, den ›Variant‹ als vollgültigen Schluß der Mit- und Nachwelt mitzuteilen und damit beizubehalten. Der Autor, so scheint es, erklärt sich mit beiden Lesarten im Voraus einverstanden – unter der Voraussetzung, daß er so das Einverständnis des Lesers – wenn nicht des Publikums – in jedem Fall gewinnt.«[3]

In einem angefügten »letzten Auftritt« bittet Frau Marthe darum, »den Sitz in Utrecht der Regierung« (1969) zu erfahren; auf Walters Frage nach dem Warum erwidert sie verschnupft: »Soll hier dem Kruge nicht sein Recht geschehn?« (1971). Tatsächlich wird zwar der Schuldige im Laufe des Prozesses ermittelt, jedoch steht keine Wiedergutmachung für den Krug im Raum, der eigentlich Prozessgegenstand war. »[D]ie komische Alte aus dem hergebrachten Lustspielfiguren-Arsenal«[4] ist diejenige, die nicht nur den Prozess ins Rollen gebracht hat, sondern auch diejenige, die weiterhin daran glaubt, dass ihr vor Gericht Recht zugesprochen wird; sie ist diejenige, die trotz des vergleichsweise viel größeren Verbrechens Adams, das ja ihr engstes Umfeld betraf, dennoch nicht daran zweifelt, noch Recht zu bekommen. Das ruft Kopfschütteln und Lachen beim Publikum hervor.

Das Zurückdrängen der Komödie durch Gottsched in der Zeit der Aufklärung wird hier von Kleist ad absurdum geführt: Das Theaterstück offenbart, dass die Kritik an gesellschaftlichen Umständen mit der Komödie und dem vordergründigen Verlachen genauso gezeigt werden kann wie in der Tragödie.

3 Ulrich Schödlbauer, »Heinrich von Kleist. *Der zerbrochne Krug*«, in: *Reclam Interpretationen. Dramen des 19. Jahrhunderts*, Stuttgart 1997, S. 65.

4 Kreutzer (Anm. 1), S. 51.

## Unterrichtsverlauf

**Überblick.** Die Schülerinnen und Schüler fertigen, nachdem sie sich eine Meinung gebildet haben, welche Version des 12. Auftritts ihnen besser gefällt, einen Comic oder eine Fotostory zu den Ereignissen des Vorabends vor dem Prozess an. ! **Verkürzter Verlauf: 9.1–9.2 – 9.3**

| Phase | Thema | Sozialform | Kompetenzen und Lernziele | Materialien |
|---|---|---|---|---|
| **Voraussetzungen: Kenntnis des Dramentextes bis 2429** | | | | |
| 9.1 | Einstieg: Abstimmung über Varianten des Schlusses | UG | • Textverständnis entwickeln<br>• Meinung bilden<br>• Unterschiede wahrnehmen | |
| 9.2 | Erarbeitung der Vor- und ggf. Nachteile der beiden Versionen | UG | • Textvergleich vornehmen | TAFELBILD 9<br>➤ S. 70 |
| 9.3 | Anfertigen von Fotostory oder Comic | PA / GA | • Relevanz des Variant erkennen<br>• Prozesshintergründe verstehen<br>• Kreativität entwickeln | ARBEITSBLATT 9<br>➤ S. 72 |
| 9.4 | Vorstellung der Arbeitsergebnisse | UG | • Ergebnisse präsentieren | |
| 9.5 fakultativ | Zusammenfassung der 12. Auftritte | UG / GA | • Relevante Ereignisse dem Text entnehmen<br>• Den Text kürzen bzw. ergänzen | |

TAFELBILD 9

### Die beiden Schlüsse

| **12. Auftritt** (Reclam XL, S. 76–78) | **Erstfassung des 12. Auftritts (›Variant‹)** (Reclam XL, S. 79–97) |
|---|---|
| Schnellere Abrundung der Geschehnisse (Aufdecken des gefälschten Briefes, Reue Ruprechts wegen seines fehlenden Vertrauens zu Eve, Versöhnung des Brautpaares) | Wiederholung aller Geschehnisse des vorherigen Abends in Eves Schilderung (Attest als Vorwand Adams zur versuchten Verführung Eves in deren Zimmer, Flucht Adams bei Ankunft Ruprechts mit Zerstörung des Kruges und Verlusts der Perücke) |
| Sichtweise des Zuschauers als aktiv mitdenkend (eigenes Erschließen der Hintergründe) | Teils sehr lang(atmig)e Ausführungen der Vorkommnisse (z. B. Details der Hintergründe des gefälschten Briefes zur Einberufung Ruprechts zum Militärdienst) |
| | Deutlichere Herausarbeitung von Adams Verstößen gegen Recht und Moral (gefälschter Brief und Attest, Ausnutzen von Eves Analphabetismus und ihrer Liebe zu Ruprecht, falsches Zeugnis, Verschleierung etc.) |
| | Differenziertere Darstellung des inneren Konflikts Eves (Adam zu Willen sein ↔ Ruprecht retten) |

## 9.1 Einstieg: Abstimmung über Varianten des Schlusses

**Unterrichtsschritt mit Erläuterungen.** Die Schülerinnen und Schüler diskutieren und stimmen ab, welche Version des 12. Auftritts sie für besser halten, und begründen im Unterrichtsgespräch ihre Meinung. UG

Leitfragen:

- Welche Version gefällt Ihnen besser und warum?
- Welche Vorteile hat die Variant-Version, welche die neuere Version?
- Welche Inhalte würden Sie in das Stück aufnehmen, wenn Sie den Zerbrochnen Krug selbst dramaturgisch gestalten dürften?

## 9.2 Erarbeitung der Vor- und ggf. Nachteile der beiden Versionen

**Unterrichtsschritt.** Die Vor- und Nachteile der beiden Auftrittsvarianten werden im Unterrichtsgespräch besprochen und im TAFELBILD 9 gesichert. UG

TAFELBILD 9 ➤ S. 70

**Erläuterungen.** Die Erarbeitung des TAFELBILD 9 dient zur Vertiefung und Sicherung des Verständnisses, was am Vorabend des Prozesses tatsächlich passiert ist und welche Figur mit welcher Motivation gehandelt hat, sowie als Basis für die folgenden Unterrichtsschritte. In leistungsstarken Lerngruppen kann dies im Unterrichtsschritt 9.1 nebenbei erfolgen. Hier sind die zusätzlichen Angaben in Klammern in TAFELBILD 9 ggf. wegzulassen.

## 9.3 Anfertigen von Fotostory oder Comic

**Unterrichtsschritt.** Die Klasse wird in Gruppen von zwei oder mehr Schülerinnen und Schülern geteilt. Die Gruppen wählen selbst aus, ob sie zu den Ereignissen, die zum Prozess geführt haben, eine Fotostory (Gruppengröße mindestens 4 Personen) oder einen Comic anfertigen wollen. Die Bearbeitung erfolgt mit Hilfe von ARBEITSBLATT 9 ***Bildprotokoll zu den während des Prozesses erzählten Ereignissen.*** PA / GA

ARBEITSBLATT 9 ➤ S. 72

**Erläuterungen.** Eine Fotostory benötigt für die Bearbeitung und Präsentation einen Computer oder ein Tablet sowie einen Beamer (oder einen Drucker, über den Fotos von Handykameras ausgedruckt werden können). Mit der Erstellung von Fotostory oder Comic entsteht aus den Erzählungen der unterschiedlichen Prozessbeteiligten ein visualisiertes Protokoll der vergangenen Ereignisse. Damit werden sowohl Imaginationsfähigkeit als auch das Textverständnis gefördert.

## 9.4 Vorstellung der Arbeitsergebnisse

**Unterrichtsschritt.** Im Anschluss stellen die Schülerinnen und Schüler ihre Arbeitsergebnisse der Klasse vor. Gemeinsam sollte bei den verschiedenen Versionen die Berücksichtigung der Inhalte des Variant diskutiert werden. UG

## 9.5 Zusammenfassung der 12. Auftritte (fakultativ)

**Unterrichtsschritt mit Erläuterungen.** In ihren Schauspielgruppen diskutieren die Schülerinnen und Schüler darüber, welchen der beiden 12. Auftritte sie als Grundlage für ihre Vorführung nehmen würden. Sie kürzen diesen und fügen aus dem anderen Auftritt Elemente hinzu, die sie als wesentlich für das Gesamtverständnis erachten. Dafür können die Schülerinnen und Schüler mit Kopien arbeiten, die zerschnitten und wieder zusammengesetzt werden, oder sie nehmen handschriftlich ggf. mit Farbe und Symbolen Notizen und Einfügungen vor. Die Vorschläge werden im Plenum vorgestellt und diskutiert. UG / GA

ARBEITSBLATT 9

## Bildprotokoll zu den während des Prozesses erzählten Ereignissen

Erstellen Sie für die während des Prozesses erzählten Ereignisse des Vorabends, die zur Zerstörung des Krugs geführt haben, eine Visualisierung, indem sie die Ereignisse entweder in eine **Fotostory** oder einen **Comic** verpacken.
Nutzen Sie dafür vor allem die Zeugenaussagen aus *Der zerbrochne Krug* im 12. Auftritt.

**Planung:**

- Klären Sie in Ihrer Gruppe zunächst, ob Sie eine **Fotostory** oder einen **Comic** erstellen wollen.
- Notieren Sie sich für die Planung in Stichpunkten den Ablauf der Ereignisse.
- Erstellen Sie dann ein Storyboard, durch das die Anzahl und der Inhalt der Bilder festgelegt wird. Ein Storyboard visualisiert eine Idee oder ein Konzept mit Skizzen. Achten Sie schon hier auf eine sinnvolle Bildkomposition.
- Behalten Sie dabei stets den Leser im Blick, der nur aus Ihren Bildern den Ablauf der Ereignisse verstehen kann.
- Überlegen Sie sich schließlich, was die einzelnen Figuren in jeder Szene sagen und fügen Sie das Ihrem Storyboard hinzu. Auch Soundwörter, also Wörter, die Geräusche verbildlichen, können bereits entworfen und zeichnerisch dargestellt werden.

**Ausarbeitung:**

- Setzen Sie Ihre Skizzen aus dem Storyboard in Bilder (**Fotos**, **Panels**) um. Als Panel bezeichnet man das Comicbild, das aus Zeichnung, Sprech- oder Gedankenblase und kleinen Kästchen mit Zusatzinformationen (sog. Caption) besteht.
- Teilen Sie für die **Fotostory** die Darsteller ihren Rollen zu, besprechen Sie deren Kleidung, Requisiten und Ort(e), an denen fotografiert werden soll. Legen Sie fest, wer die Fotos erstellt (Handykamera).
- Für den **Comic** genügen Strichmännchen. Hilfestellung: Häufig werden im Comic Typika einzelner Figuren übertrieben gezeigt.
- Achten Sie auf Wiedererkennbarkeit der Figuren (z. B. durch farbliche Gestaltung der Kleidung).
- Vergessen Sie nicht, bei beiden Versionen jeweils Sprechblasen anzufügen.

# 10 Das Lustspiel in Bezug zu heute setzen

## Sachanalyse

Kleists Lustspiel ist nur vordergründig ein Stück, über das man lachen kann. Dass es an vielen Volksbühnen rein zur Belustigung des Publikums gespielt wird, wird den ernsten Hintergründen kaum gerecht. Tatsächlich thematisiert Kleist im *Zerbrochnen Krug* Abgründe menschlichen Fehlverhaltens, die nach wie vor Aktualität haben – man denke nur an die Me-Too-Debatte. Kleist besinnt sich auf die ursprüngliche Absicht der Komödie, Kritik an gesellschaftlichen Umständen zu üben unter einem lustigen Deckmantel. Die hohe Kunst der Verschleierung oder Verkleidung der Kritik durch Wortspiele und andere sprachliche Register, die Einbindung einer kleinen Liebesgeschichte und den Auftritt einer zänkischen Alten (Frau Marthe) wendet Kleist kunstvoll an: »[D]erber Humor, Witz, eine üppige Erfindungskraft auch im scheinbar belanglosesten Detail und der versöhnliche Ausgang des Stücks verhindern, daß die Komödie in eine Tragödie umschlägt.«[1]

In der Komödie wird das Handeln der Figuren zu einem »Nomos«, einem »Ebenmaß« ins Verhältnis gesetzt; wird der Nomos verletzt, bestehen also Brüche zur Regelhaftigkeit, zum von der Gesellschaft vorausgesetzten normgerechten Verhalten, wird provoziert, entsteht Komik.[2] »Diese Unangemessenheit ist es, von der sich das Publikum lachend distanziert«, und es nimmt »mit dieser inneren Distanzierung eine Haltung ein [...], die der des Tragödienzuschauers, der sich in Furcht und Mitleid mit dem Helden identifiziert, gerade entgegengesetzt ist. In ihr genießt das Lustspielpublikum seine eigene intellektuelle Überlegenheit. Sie ist die eine der beiden wesentlichen Wirkungselemente der Komödie.«[3]

Deutlich wird dennoch die kritische Sichtweise. So klingen im *Zerbrochnen Krug* nicht nur die Missbilligung des versuchten Missbrauchs einer quasi Schutzbefohlenen (Adam war schließlich der Freund von Eves verstorbenem Vater), sondern auch der herrschenden Zustände zur Zeit der Justizreform an, des Analphabetentums, des Ausnutzens der unteren Schichten durch die durch bessere Bildung im Vorteil stehenden höheren Schichten, aber auch allgemein zwischenmenschliche Probleme, wie das gegenseitige Misstrauen, das zwischen den Klageparteien herrscht. Viele dieser Aspekte haben bis heute Gültigkeit, das fängt im Kleinen bei Konflikten innerhalb der Familie an und geht global weiter in der Ausnutzung von Erntearbeitern, von Coltan-Schürfern in Afrika, von Näharbeiterinnen in Indien und China durch finanziell Privilegiertere etc.

Rückblickend wird nun auch die Struktur des Lustspiels ersichtlich: Bis zum 6. Auftritt findet man die Exposition. Hier werden – bis auf Frau Brigitte – die Handelnden, der Ort sowie der inhaltliche Kern vorgestellt, die Auftritte 7–11 behandeln die Gerichtsverhandlung und in den beiden letzten Auftritten erfolgen der »Schluss und Ausblick auf die Zukunft«[4].

Der Vorwurf des zeitgenössischen Publikums gegen Kleist, sein Stück sei wegen seiner Handlungsarmut langatmig und langweilig, kann bei genauerer Betrachtung nicht aufrechterhalten werden. Kleists Stück ist auf das Genaueste inhaltlich überlegt und strukturell durchkomponiert. Die Anspielungen auf die Bibel sowie die Tragödie von Sophokles bzw. die Umkehrungen von darin gezeigter Motivik, die Verknüpfung mit zeitgenössischen sowie zwischenmenschlichen Problemen zeugen von hoher schriftstellerischer Leistung, der eine heute häufig vollzogene Verschiebung des Stücks in Richtung einer Slapstick-Komödie nicht gerecht wird. Das Motiv des Richters, der selbst der Täter ist, »läßt sich in der Komödie und Tragödie, wie der Ödipus des Sophokles zeigt, nur in der Form des analytischen Dramas ausführen, d.h. die bereits vor dem eigentlichen Dramengeschehen liegende Handlung, das ›delictum‹, muß von den Charakteren in ihren Dialogen nach und nach ans Licht gebracht werden. Nicht eine fortschreitende, verschiedene Aktionsstränge zusammenführende, ›synthetische‹ Handlung, sondern Charakter und Dialog, Charakterkomik und Witz, werden so die tragenden Elemente dieser Komödie.«[5]

1 *Kindlers neues Literaturlexikon. Hauptwerke der deutschen Literatur*, Bd. 1, München 1994, S. 482.

2 Vgl. Albert M. Reh, »Der komische Konflikt in dem Lustspiel *Der zerbrochne Krug*«, in: Walter Hinderer (Hrsg.), *Kleists Dramen. Neue Interpretationen*, Stuttgart 1981, S. 96.

3 Ebd., S. 93.

4 Theodor Pelster, *Lektüreschlüssel. Heinrich von Kleist: »Der zerbrochne Krug«*, Stuttgart 2004, S. 33.

5 Reh (Anm. 2), S. 94.

## Unterrichtsverlauf

**Überblick.** Die Schülerinnen und Schüler erkennen die heutige Relevanz von Kleists Lustspiel und erarbeiten in Kurzpräsentationen Hintergründe der übertragbaren aktuellen Motive. ! **Verkürzter Verlauf: 10.1 – 10.2 – 10.3**

| Phase | Thema | Sozialform | Kompetenzen und Lernziele | Materialien |
|---|---|---|---|---|
| **Voraussetzungen: Kenntnis des gesamten Dramentextes** | | | | |
| 10.1 | Einstieg: Quiz zum Inhalt des gesamten Lustspiels | GA / UG | • Textverständnis entwickeln<br>• Präzise Fragen stellen<br>• Zuhören | |
| 10.2 | Erkennen der Aktualität der Motivik | EA / PA / UG | • Bezüge zu heute herstellen<br>• Den Text verstehen | VORLAGE 10 ➤ S. 75<br>ARBEITSBLATT 1b ➤ S. 12 f.<br>Internetzugang |
| 10.3 | Kurzpräsentation zu einem Motiv | GA / UG | • Präsentieren üben<br>• Vertiefen der Erkenntnisse | |
| 10.4 **fakultativ** | Überlegungen zur szenischen Umsetzung | GA / UG | • dramaturgische Ideen entwickeln<br>• Reflexionsfähigkeit entwickeln | |

### 10.1 Einstieg: Quiz zum Inhalt des gesamten Lustspiels

GA / UG

**Unterrichtsschritt.** Die Klasse wird in zwei Gruppen eingeteilt. Die Schülerinnen und Schüler entwickeln innerhalb ihrer Gruppe selbst Fragen und Antworten zum Inhalt des vollständig gelesenen Lustspiels *Der zerbrochne Krug*. Diese stellen sie im Wechsel der jeweils anderen Gruppe. Für jede richtig beantwortete Frage gibt es einen Punkt. Die Lehrkraft moderiert und hält den Punktestand der Gruppen an der Tafel fest.

**Erläuterungen.** Das Quiz erfüllt zwei Aufgaben: Zum einen motiviert es die Schülerinnen und Schüler im Wettbewerb, zum anderen wiederholen sie ihr Textwissen, das sie für die folgenden Arbeitsaufträge benötigen. Ggf. kann eine Mindestanzahl an Fragen, die entwickelt werden muss, vorgegeben werden.

### 10.2 Erkennen der Aktualität der Motivik

EA / PA / UG

VORLAGE 10 ➤ S. 75

Internetzugang

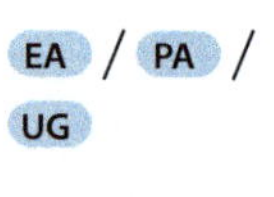

**Unterrichtsschritt.** Die Schülerinnen und Schüler beantworten zunächst in Einzelarbeit die Fragen von Arbeitsauftrag 1 der VORLAGE 10 ***Die Aktualität von Kleists Lustspiel***. Anschließend vergleichen sie ihre Antworten im Innen-Außen-Kreis mit einigen Mitschülerinnen bzw. -schülern. Vertiefend werden die Ergebnisse im Plenum besprochen.

Leit- bzw. Nachfragen für die Plenumsdiskussion:
- Welche Motive von Kleists Stück finden sich im Kleinen/Zwischenmenschlichen auch heute noch?
- Welche Motive können auf größere gesellschaftliche, politische oder wirtschaftliche Gebilde, z. B. Firmen oder staatliche Institutionen, übertragen werden (Gerichte, Regeln, Autoritätspersonen)?
- Welche Motive können im globalen Zusammenhang gesehen werden?

**Erläuterungen.** Der Innen- bzw. Außenkreis bietet sich an, um eigene Erkenntnisse zu vertiefen und zu erweitern. Die Schülerinnen und Schüler stehen sich in zwei Kreisen gegenüber, so dass jeder Schüler einen Partner gegenüber hat. In diesen Partnergruppierungen unterhalten sie sich über ein vorgegebenes Thema und wechseln nach einer bestimmten, von der Lehrkraft vorgegebenen Zeit den Diskussionspartner.

Mögliche Antworten zu 1a: nicht lustige Motive: blinde Autoritätsgläubigkeit, Analphabetismus, Erpressung, versuchter Missbrauch, Misstrauen bzw. Sich-nicht-alles-sagen-Können zwischen den Familienmitgliedern (u.a.).

Zu 1b: Motive in ähnlicher oder gleicher Form auch in der Gesellschaft heute: Misstrauen/Konflikte in der Familie, sexueller Missbrauch, Gewaltandrohung, Erpressung, Amtsmissbrauch, Ausbeutung von sozial Schwachen (u.a.).

Zu 1c: Merkmale der Komödie, die auf Kleists Lustspiel zutreffen:

- Adams Schwächen werden übertrieben dargestellt ➤ er wird lächerlich gemacht
- es wird (Zeit-)Kritik geübt ➤ das Stück richtet sich an den Verstand
- positives Ende
- teils derbe Sprache (z.B. Anrede der Mägde durch Adam)
- Versform
- Publikum lacht, weil es die Verstrickungen des Protagonisten früh erkennt

VORLAGE 10

**Die Aktualität von Kleists Lustspiel**

**Arbeitsaufträge:**

1. Erarbeiten Sie die Aktualität von Kleists Lustspiel anhand folgender Fragen:

a) Welche Motive aus Kleists Lustspiel sind eigentlich nicht lustig?

b) Welche Motive finden sich in ähnlicher oder gleicher Form auch heute noch in der Gesellschaft?

c) Betrachten Sie nochmals die Merkmale der Komödie (ARBEITSBLATT 1b). Inwiefern treffen diese auf den *Zerbrochnen Krug* zu?

2. Suchen Sie ein Beispiel für solch ein aktuelles Motiv und erstellen Sie dafür sowie für dessen Hintergründe eine Kurzpräsentation mit Plakat. Berücksichtigen Sie dabei Folgendes:

- Recherchieren Sie die Hintergründe Ihres Motivs so, dass keine Fragen offenbleiben.
- Gestalten Sie ein Plakat, auf das Sie (nur) die wichtigsten Informationen in Stichpunkten aufnehmen! Ergänzen Sie das Plakat mit Bildern und achten Sie auf große Schrift.
- Ihre Präsentation sollte die Dauer von 5 Minuten nicht übersteigen.
- Achten Sie während der Präsentation auf klare Aussprache, sicheren Stand und Blickkontakt zur Gruppe.

## 10.3 Kurzpräsentation zu einem Motiv

**Unterrichtsschritt.** Die Schülerinnen und Schüler erstellen in Gruppen Kurzpräsentationen mit Plakatgestaltung für »ihr« Motiv (VORLAGE 10, Arbeitsauftrag 2). Im Anschluss stellen die Schülerinnen und Schüler ihre Arbeitsergebnisse der Klasse vor. Dabei achten sie auf die Einhaltung von Präsentationsregeln. GA / UG

## 10.4 Überlegungen zur szenischen Umsetzung (fakultativ)

**Unterrichtsschritt.** Die Schülerinnen und Schüler überlegen in Gruppen, ob sie ihr Stück in der heutigen Zeit spielen lassen möchten, und wie sie dieses dann anpassen müssten. Sie besprechen in der Gruppe wichtige Requisiten wie die Kleidung der handelnden Figuren oder Gegenstände, die sie einsetzen möchten, sowie die Ausstattung der Gerichtsstube. Sollte eine Gruppe mit den Überlegungen früher fertig sein als andere, soll das gekürzte Stück im Lesetheater erprobt werden. GA / UG

**Alternative.** Falls eine anschließende szenische Aufführung geplant ist, können weitere Unterrichtsstunden für eine Weiterarbeit am Stück verwendet werden. Anregungen dafür sind z.B.

- gekürzte Texte tippen und auf den roten Faden hin in Schreibkonferenzen überprüfen
- das Stück szenisch erproben
- Musik zum Stück wählen
- Schminke überlegen, evtl. Masken einsetzen
- Begleitung durch Schwarzlicht, Filmprojektor etc. festlegen
- evtl. den gesamten gekürzten Text in heutige Sprache, Dialekt oder Jugendsprache »übersetzen«

# 11 Klausurvorschläge mit Lösungshinweisen

## 11.1 Den 1. Auftritt im Hinblick auf die Person Adams analysieren und interpretieren

**Klausuraufgabe**

Arbeiten Sie heraus, welche Informationen der Leser / die Leserin bzw. der Zuschauer / die Zuschauerin über Adam im 1. Auftritt von Kleists Lustspiel *Der zerbrochne Krug* erhält. Erläutern Sie, welche Intention Kleist damit verbunden haben könnte. Beziehen Sie geeignete rhetorische Mittel ein und stellen Sie Ihren Ausführungen eine Einleitung voran; runden Sie Ihre Arbeit zudem mit einem passenden Schluss ab.

### Lösungshinweise

- Einleitung

Der 1. Auftritt leitet das 1807 fertiggestellte Lustspiel *Der zerbrochne Krug* von Heinrich von Kleist ein, indem zwei wichtige Figuren, der Protagonist, Dorfrichter Adam, sowie Gerichtsschreiber Licht, vorgestellt werden, indem der Ort des Geschehens bekannt gegeben wird, die »Gerichtsstube« (vor 1), sowie indem Hintergrundinformationen, die beim Verständnis des Kommenden helfen, geliefert werden.

- Hauptteil

Gleich zu Beginn des 1. Auftritts wird im Ausruf Lichts, des Gerichtsschreibers, deutlich, dass Adam etwas zugestoßen sein muss, da er wohl sichtbare Verletzungen aufweist, wie zwei anschließende Fragen zeigen: »Ei, was zum Henker, sagt, Gevatter Adam! / Was ist mit Euch geschehn? Wie seht Ihr aus?« (1 f.). Adam antwortet im Wortspiel, das bereits Andeutungen auf das vergangene Geschehen enthält, dass er »gestrauchelt« (3) sei, und zwar ohne äußere Umstände: »denn jeder trägt Den leidgen Stein zum Anstoß in sich selbst« (5 f.). ›Straucheln‹ kann in zwei Hinsichten verstanden werden, nämlich konkret ›hinfallen‹, aber auch aufgrund von Lebensumständen ›auf die schiefe Bahn geraten‹. Dies vermutet Licht, als er mit dem Vergleich zum biblischen Adam, mit einer Ellipse die Antwort offenlassend, nachfragt: »Ihr stammt von einem lockern Ältervater, / Der so beim Anbeginn der Dinge fiel, / Und wegen seines Falls berühmt geworden; / Ihr seid doch nicht –?« (9 ff.). Das Publikum erhält damit erste Hinweise auf möglicherweise im Vorfeld abgelaufene Ereignisse, bei denen Adam eventuell verletzt wurde, und auf ein Verhalten, das möglicherweise dem Sündenfall des biblischen Adam vergleichbar ist.

Im weiteren Gesprächsverlauf zwischen Licht und Adam wird die Verletzung näher betrachtet. Verletzt sind wohl der ohnehin missgestaltete linke »Klumpfuß« (25) sowie das »Gesicht« (31–47). Licht vergleicht den wundenbedeckten Adam, wiederum anspielend auf das tatsächliche Geschehen, mit einem Schaf, das sich auf der Flucht durch Dorngestrüpp gedrängt und dabei Wolle verloren habe (vgl. 39 ff.). Eine erneute Anspielung Lichts auf einen möglichen Kampf (»So geht's im Feuer des Gefechts«, 49), entgegnet Adam mit empörten wiederholenden Ausrufen: »Gefecht! Was!« (50), bevor er seine Sicht des Sturzes erzählt (50–61). Dass Licht ihm nicht glaubt, wird aus dessen wiederholter Anspielung deutlich: »Der erste Adamsfall, / Den Ihr aus einem Bett hinaus getan« (62 f.). Auch in diesen Anspielungen werden wichtige Informationen gegeben für ein Verständnis des weiteren Dramenverlaufes, so dass sich im Kopf des Zuschauers bereits Hypothesen bilden können über Adams Erlebnisse des vorherigen Abends bzw. der Nacht. In der Diskussion um die Verletzungen wird deutlich, dass dem Dorfrichter möglicherweise nicht nur passiv etwas zugestoßen ist (so die eigene Darstellung), sondern dass er aktiv etwas Verwerfliches getan hat (so die Andeutungen Lichts).

Nachdem Licht den unerwarteten und unmittelbar bevorstehenden Besuch des Gerichtsrates angekündigt hat, schimpft Adam auf Licht und glaubt zunächst der Ankündigung nicht: »Geht mir mit Eurem Märchen, sag ich Euch« (83), wie die Metapher »Märchen« als etwas nicht der Realität Entsprechendes zeigt. Den rauen Charakter Adams erkennt man an dessen Schimpfen über einen unbenannten Bauern, der den Gerichtsrat auf seinem Weg gesehen haben will: »Wer weiß, wen der triefäugige Schuft gesehn. / Die Kerle unterscheiden ein Gesicht / Von einem Hinterkopf nicht, wenn er kahl ist« (85 ff.). Dieses beleidigende Bild zeigt die hochmütige und herablassende Einstellung Adams gegenüber sozial Schwächeren. Verstärkt wird diese negative Sichtweise durch den abwertenden Vergleich mit einer Vogelscheuche, die ein Bauer nicht von einer menschlichen Gestalt unterscheiden könne (88 ff.). Adam, der eigentlich Hauptschuldige, erniedrigt andere, sozial Tieferstehende. Kleist gelingt es mit seiner Figurenzeichnung von Adam, ein kritisches Bild der oberen Schichten zu entwerfen, die ihrer Stellung nicht gemäß, nämlich vorbildhaft, handeln.

Nachdem Adam dann doch über die Vorgänge im Nachbarort, wo sich der zuständige Richter nach der Revision durch den Gerichtsrat zu erhängen versucht hat, erschrickt, bittet er Licht um dessen Unterstützung, die er benötigt, um seine unlauteren Machenschaften unter den Teppich zu kehren (128–145). Er verwendet dazu ein Zitat aus dem Neuen Testament: »Heut lasst Ihr noch den Kelch vorübergehn« (133) und vergleicht sich so unberechtigterweise mit dem unschuldigen Jesus, bevor dieser gekreuzigt wird, denn der Dorfrichter Adam ist in Wirklichkeit schuldig, wie der weitere Verlauf zeigen wird. Auch das vergleichende Bild, dass seine Akten »wie der Turm zu Babylon«, also unordentlich durcheinandergestapelt und einsturzgefährdet sind (zugleich auch ein Symbol für seine Lage also), verstärkt den chaotischen Eindruck, den Adam macht. So muss Licht helfen, zu sortieren: »Folgt mir ein wenig zur Registratur; / Die Aktenstöße setz ich auf« (160 f.). Adam wird als Chaot und unlauterer Mensch gezeichnet, der sein Amt nicht so ausfüllt, wie er sollte, und deswegen in seiner Position gefährdet ist. Das Publikum muss darüber lachen, da es die Vorgänge in innerer Distanz wahrnimmt.

Schluss

Deutlich wird bereits aus diesem 1. Auftritt, dass Adam wohl nicht nur unlauteren Machenschaften nachgeht, die er vor dem Gerichtsrat geheim halten möchte, sondern auch, dass er in seiner Amtsführung unordentlich ist und ein geringschätziges Verhalten gegenüber sozial Schwächeren zeigt; zugleich wird angedeutet, dass seine Stellung gefährdet ist. Seine Verletzungen an Bein und Kopf führt er auf einen Sturz zurück, was sein Schreiber Licht jedoch nicht zu glauben scheint. Durch diese Charakterisierung Adams zeichnet Kleist ein äußerst negatives Bild des Dorfrichters als Vertreter der oberen Schichten.

## 11.2 Die Zeugenaussage der Frau Brigitte analysieren und interpretieren

**Klausuraufgabe**

Erarbeiten Sie aus den Versen 1682 bis 1788 die unterschiedlichen Ansichten bezüglich der Teufelsgläubigkeit der in dem Abschnitt zu Wort kommenden Figuren. Ziehen Sie daraus Rückschlüsse über den Charakter und sozialen Status der jeweiligen Figur. Beziehen Sie dabei passende rhetorische Mittel ein. Stellen Sie Ihren Ausführungen eine Einleitung voran und schließen Sie Ihre Arbeit mit einem abrundenden Schluss.

### Lösungshinweise

Einleitung

In Heinrich von Kleists Lustspiel *Der zerbrochne Krug* kommen unterschiedliche soziale Schichten zu Wort. Die Charakterisierung der unteren Schichten ist gekennzeichnet durch teils starken Aberglauben, der ihre Naivität und damit ihr Ausgeliefertsein aufgrund fehlender Bildung zeigt. Kleist verdeutlicht dies besonders an der Zeugenaussage der Frau Brigitte, die in ihrer Ernsthaftigkeit des Aberglaubens komisch auf das aufgeklärte Publikum wirkt.

Hauptteil

Frau Brigitte, die Tante des Kleinbauern Ruprecht Tümpel, ist sehr abergläubisch. Dies wird deutlich in ihren ernstgemeinten bildreichen Schilderungen über den Teufel, den sie als abendlichen Besucher Eves vermutet (1685–91). Sie hat ihn nicht direkt erkannt, nennt aber die für den Teufelsglauben traditionellen typischen Indizien: »Pferdefuß« (1695) und Gestank von »Pech [...] und Schwefel« (1687). Dies trifft auch auf den Dorfrichter Adam zu (er hat einen »Klumpfuß« und auf der Flucht offenbar seinen Darm entleert, vgl. 1773 f.), den sie aber nicht in Erwägung zieht. Brigitte versucht ihre nächtlichen Beobachtungen mit ihren am Morgen vorgenommenen Detektivarbeiten zu verifizieren, die sie in einem Bild beschreibt: »Was find ich für eine Spur im Schnee? Rechts fein und scharf und nett gekantet immer, / Ein ordentlicher Menschenfuß, / Und links unförmig grobhin eingetölpelt / Ein ungeheurer klotzger Pferdefuß« (1714–19). Mit der folgenden wiederholenden Anapher will Frau Brigitte beweisen, dass die Spuren, die sie gesehen hat, für einen Menschen ungewöhnlich sind: »Und Menschenfuß und Pferdefuß von hier, / Und Menschenfuß und Pferdefuß, und Menschenfuß und Pferdefuß« (1725 f.). Frau Brigitte scheint völlig überzeugt zu sein von der Glaubwürdigkeit ihrer Annahmen und denkt nicht über ihren Horizont hinaus, dass jemand anders im Haus des Richters, den sie als Dorfbewohnerin sicherlich auch gut kennt, der Schuldige sein könnte als der »Teufel«. Dies wird ersichtlich in ihrer naiven Beschreibung, dass der Teufel »Hier« (1782) – also im »Gerichtshof« – »abgestiegen« sei (1785 ff.). Frau Brigitte ist die Tante von Ruprecht und vermutlich auch eine des Lesens und Schreibens unkundige Bäuerin, die Überlieferungen und Erzählungen Glauben schenken muss, da sie diese kaum überprüfen und verifizieren kann.

Ruprecht ist zutiefst erstaunt über die Erzählungen seiner Tante, schenkt diesen aber Glauben, wie aus seinen Ausrufen »Was! Himmel – Tausend –!« (1692) hervorgeht. Auch aus seiner entgeisterten rhetorischen Frage: »Wird doch der Teufel nicht / In dem Gerichtshof wohnen?« (1784 f.) geht hervor, dass Ruprecht in seinen Annahmen gutgläubig und naiv ist und den Schilderungen seiner Tante über den Teufel glaubt. Er ist noch jung, hat wenig Lebenserfahrung, vermutlich auch keine Schule besucht und glaubt daher Aussagen von Autoritätspersonen mehr oder weniger blind.

Kleinbauer Veit äußert sich nur einmal. Er weiß nicht so recht, ob er den Ausführungen seiner Verwandten Glauben schenken soll. Dies zeigt sein Ausruf: »Es ist nicht möglich, Frau!« (1721). Das kann nun bedeuten, dass er erstaunt ist, aber auch, dass er den Erzählungen keinen Glauben schenkt.

Der aufgeklärte Gerichtsrat Walter jedoch tut Frau Brigittes Bericht eindeutig als Unsinn ab und hätte ihren Zeugenauftritt, den er in seiner Phantastik für vollkommen unwesentlich für eine Aufklärung des Falles hält, schnell beendet (1695–99). Sein scheinbares Erhabensein gegenüber dem Aberglauben der einfachen Leute tut er kund mit dem Schimpfwort: »Blödsinnig Volk, das!« (1700). Deutlich wird seine negative Meinung von den Erzählungen Frau Brigittes in seinem elliptischen Ausruf: »Geschwätz, wahnsinniges, verdammenswürdges –!« (1720). Walter hat für seine Funktion sicherlich ein Studium absolviert und fühlt sich daher über den Aberglauben des einfachen Volkes erhaben. Er glaubt nicht an die Existenz des Teufels und durchschaut bald, dass die Beschreibung dem Dorfrichter Adam gilt (vgl. z. B. 1752, 1802 ff.).

Licht bezeugt das von Frau Brigitte Gesehene, jedoch unter dem Vorbehalt, dass die Schilderungen nicht den Teufel beträfen: »Dass es der Teufel war, behaupt ich nicht« (1705), sondern ein Mensch »mit Pferdefuß und kahler Glatze / Und hinten Dampf, wenn ich nicht sehr mich irre« (1706 f.). Dies wird in seiner erneuten Aussage im Vergleich unter Einbezug lateinischer Begrifflichkeiten, die seine soziale Stellung und Gelehrsamkeit und damit Glaubwürdigkeit zeigen sollen, deutlich: »Fuß eines Menschen, bitte, / Doch praeter propter wie ein Pferdefuß« (1740 f.). Licht hat längst eins und eins zusammengezählt und lenkt den Verdacht gezielt auf Adam, ohne Frau Brigitte in ihrem Aberglauben bloßzustellen, was seine Zustimmung, der Spur des »Teufels« zu folgen, zeigt: »Gut, sagt er, Frau Brigitt, ein guter Einfall; / Vielleicht gehen wir uns nicht weit um, / Wenn wir zum Herrn Dorfrichter Adam gehen« (1762 ff.). Licht ist ein gebildeter Mann, hat ein Studium abgeschlossen und durchschaut das Spiel Adams sehr schnell. Er stellt Frau Brigitte nicht bloß und beteiligt sich zurückhaltend an der Aufklärung des Falles. Das spricht auch für soziale Klugheit.

Adam, der ja weiß, dass der abendliche Besucher bei Eve nicht der Teufel gewesen sein kann, der also auch nicht an diesen glaubt, schürt dennoch mit dem Antrag »Im Haag bei der Synode anzufragen / Ob das Gericht befugt sei, anzunehmen, / Dass Beelzebub den Krug zerbrochen hat«, diesen Verdacht (1742–52), nachdem er zunächst Ruprecht beschuldigt hat, sich als Teufel verkleidet zu Eve geschlichen zu haben: »Hat sich der Schelm vielleicht erlaubt, Verkappt des Teufels Art –?« (1728 f.). Adam nutzt folglich den Aberglauben der von ihm abhängigen Dorfgemeinschaft aus.

Schluss

Insgesamt kann festgestellt werden, dass die Vertreter der unteren sozialen Schichten, an erster Stelle Frau Brigitte, dann Ruprecht und womöglich auch Veit wohl aufgrund ihres geringen Bildungsgrades, aber auch ihrer eigenen Machtlosigkeit, verstärkt an höhere Mächte glauben, die Einfluss haben auf ihr Leben, während die Vertreter der oberen sozialen Schichten, Walter, Adam und Licht, aufgeklärt sind und den Aberglauben wenn nicht sofort durchschauen, so ihm doch ablehnend gegenüberstehen.

**Lösungshinweise zu** ARBEITSBLATT 3b (> S. 33 f.)

## Welche Vorgaben zum Traum werden im Text genannt?

| | |
|---|---|
| Personen | *Adam als Richter und Angeklagter, Kläger* |
| Ort/e der Handlung | *Gericht, Fichten* |
| Requisiten | *Richtstuhl, eisernes Halsband* |
| Geschehen | *Der Kläger bringt Adam, der gleichzeitig auf dem Richtstuhl sitzt, vor den Richtstuhl.*<br>*Er richtet sich selbst und legt sich Fesseln an.*<br>*Daraufhin werden Richter und Angeklagter eine Person.*<br>*Sie fliehen und verbringen die Nacht im Wald.* |

## Das erfahre ich über die Figur

### 1. Adam

***Name:***
*Adam*
***Alter (ca.):***
*ca. 50 Jahre (älter als Licht)*
***Familienstand:***
*unverheiratet (»verrufnen hagestolzen Leuten«, 1452)*
***Eigenschaften:***
- *eher ungesellig: hat sich mit dem »Prediger« (383) und dem Schulmeister« (384) verstritten*
- *genusssüchtig: lagert »Kuhkäse, Schinken, Butter, Würste, Flaschen« (194) in der Registratur*
- *will Licht nicht Karriere machen lassen: »Zu seiner Zeit, Ihr wisst's, schwieg auch der große / Demosthenes. Folgt hierin seinem Muster« (142 f.)*
- *unhöflich zu den Mägden (z. B. 231 ff.)*

***Beruf:***
*Dorfrichter*
***Das Äußere:***
*hat eine Glatze (376), einen Klumpfuß (26), zwei Wunden hinten und vorne im Gesicht (1467); »Wange« (36), »Nas« (43), »Auge« (43) sind verletzt*
***Wesentliche Aussagen:***
*»Gestrauchelt bin ich hier; denn jeder trägt / Den leidgen Stein zum Anstoß in sich selbst« (5 f.)*
*»Ich fiel […] über mich« (1459–63)*
***Rolle in der Handlung:***
- *Dorfrichter, Hauptperson*
- *tut einen »Adamsfall« (62); wird am Ende als »Sünder« (1930) und »Bösewicht« (1948) entlarvt*

***Mögliche Biografie (Zeitleiste):***
*»Ich habe nicht studiert« (1122)*
*»Das ist der Vorteil / Von uns verrufnen hagestolzen Leuten, / Dass wir, was andre, knapp und kummervoll, / Mit Weib und Kindern täglich teilen müssen, / Mit einem Freunde, zur gelegnen Stunde, / Vollauf genießen« (1451–56)*

### 2. Licht

***Name:***
*Licht*
***Alter (ca.):***
*30–40 Jahre*
***Familienstand:***
*unbekannt*
***Eigenschaften:***
- *ehrgeizig: »Drückt Euren Ehrgeiz heut hinunter« (138)*
- *fällt Adam in den Rücken: »Herr Schreiber, wisst Ihr den Prozess zu führen?« – »Ei nun, wenn Euer Gnaden« (863)*
- *eilfertig gegenüber dem Gerichtsrat, »schleimt sich ein«: Anrede »Euer Gnaden« (1609, 1619, 1739, 1754, 1792, 1812)*

***Beruf:***
*Schreiber*
***Wesentliche Aussagen:***
*»Ich fiel […] über mich« (1459–63)*

***Rolle in der Handlung:***

- *Schreiber, Nebenrolle*
- *hilft beim Aufdecken des Falls*

***Mögliche Biografie (Zeitleiste):***

*»neun Jahre […] im Justizamt« (328)*
*»auf der Schul in Amsterdam« (137)*
*»Und Euren Cicero [= Rhetorik] habt Ihr studiert« (136)*

## 3. Walter

***Name:***

*Walter*

***Alter (ca.):***

*unklar; vermutlich zwischen 35 und 55 Jahre alt*

***Eigenschaften:***

- *genau, kompetent, unbestechlich: suspendierte am Tag davor in Holla »Richter […] und Schreiber« (104)*
- *aber auch herzensgut: »Ich mein's von Herzen gut, schon wenn ich komme« (196)*
- *integer: will eine Verbesserung der »Rechtspfleg auf dem platten Land« (298)*
- *streng bei Amtsmissbrauch: »doch strenge Weisung hat der Missbrauch zu erwarten« (300)*
- *klug: erkennt schnell Adams Schuld, stellt präzise Nachfragen*
- *fair: will Adam nicht bloßstellen, aber auch aus dem Grund, dass das Amt nicht in schlechten Ruf gerät, also um »einzig nur die Ehre des Gerichts« (1841) zu wahren*

***Beruf:***

*Gerichtsrat aus Utrecht*

***Wesentliche Aussagen:***

*»Ich fiel […] über mich« (1459–63)*

***Rolle in der Handlung:***

- *untergeordnete Hauptrolle*
- *ranghöchste Person*

## 4. Marthe Rull

***Name:***

*Marthe Rull*

***Alter (ca.):***

*49 Jahre (1143)*

***Familienstand:***

*Witwe*

***Eigenschaften:***

- *will für Tochter Eve »einen wackern Mann« (1149) suchen*
- *»eine ehrliche Frau von gutem Rufe« (586)*
- *besorgt um Ehre und Ruf der Tochter*
- *wütend: beschimpft Ruprecht und dessen Vater als »Gesindel« (414), »Klugschwätzer« (417), Ruprecht als »Flaps« (445, 756), »Schlingel« (737), »Maulaffe« (473), »Halunke« (766, 950)*
- *blind für die tatsächlichen Vorgänge*
- *etwas oberflächlich: Ruf der Tochter wichtiger als deren Wohl (»den Stuhl […] vor die Tür«, 1293)*
- *kann eigenen Fehler nicht eingestehen: will in der Krug-Angelegenheit in die nächste Instanz gehen (letzter Auftritt)*

***Beruf:***

*Hebamme (585)*

***Rolle in der Handlung:***

*Klägerin, untergeordnete Hauptrolle*

## 5. Eve Rull

***Name:***

*Eve Rull*

***Alter (ca.):***

*Anfang 20*

***Familienstand:***

*ledig, verlobt mit Ruprecht Tümpel*

***Eigenschaften:***

- *einzige Tochter des verstorbenen Kastellans (Burg- oder Dorfaufseher)*
- *zögert ihr Jawort hinaus, wie es sich gehört (875–880)*
- *anständig: trifft sich nach üblichem Brauch nur am Fenster mit Ruprecht*
- *liebt Ruprecht, versucht diesen vor der Einschiffung zu retten*
- *kann schweigen*
- *ist schnell wieder versöhnt mit Ruprecht*

***Beruf:***

*arbeitet auf dem Feld*

***Das Äußere:***

- *»rüstig Mädel« (876)*

***Rolle in der Handlung:***

*Wissende, Schweigende, nebengeordnete Hauptrolle*

## 6. Ruprecht Tümpel

***Name:***

*Ruprecht Tümpel*

***Alter (ca.):***

*Anfang bis Mitte 20*

***Familienstand:***

*ledig, verlobt mit Eve Rull*

***Eigenschaften:***

- *eifersüchtig, u. a. auf Leberecht, den »Flickschuster« (924)*
- *misstrauisch: vertraut Eve nicht (was sie ihm vorhält, 1169–72), glaubt nur, was er sehen bzw. fühlen kann (1176)*
- *beschimpft Eve als »Metze« (444, 467, 819, 1024)*
- *vorschnell handelnd: will Verlobung auflösen (941)*
- *wütend, enttäuscht*
- *ist schnell wieder versöhnt mit Eve, als sich ihre Unschuld herausstellt (1950 f.)*

***Beruf:***

*vermutlich Kleinbauer wie der Vater, »Veits des Kossäten Sohn« (847)*

***Rolle in der Handlung:***

*Beschuldigter, Nebenrolle*

## 6. Veit Tümpel

***Name:***

*Veit Tümpel*

***Alter (ca.):***

*vermutlich etwa 50 Jahre oder älter*

***Familienstand:***

*vermutlich verheiratet oder verwitwet, Vater von Ruprecht*

***Eigenschaften:***

- *vertraut seinem Sohn*
- *vertraut dem Gericht (416)*

***Beruf:***

*Kleinbauer (»Veits des Kossäten Sohn«, 847)*

***Rolle in der Handlung:***

*Vater des Beschuldigten, Nebenrolle*

## 7. Frau Brigitte

***Name:***

*Frau Brigitte*

***Alter (ca.):***

*vermutlich etwa 50 Jahre*

***Familienstand:***

*unbekannt, Schwester von Veit Tümpel*

***Eigenschaften:***

- *gewissenhaft: findet Perücke (1625)*
- *abergläubisch: glaubt an den Teufel (1693)*
- *unterstützt Marthe Rull, um die Ehre von Eve zu retten*

***Rolle in der Handlung:***

*Augenzeugin, Nebenrolle*

Lösungshinweise zu ARBEITSBLATT 6 (➤ S. 52 f.) 

# Erfassen des Aufbaus und der sprachlichen Mittel des 7. Auftritts

**Arbeitsauftrag 1**

| Verse | **Handlung** (knapp in jeweils 1–5 Sätzen) |
|---|---|
| *498–508* | *Adam und Eve sind in Sorge, was der Prozess bringen wird.* |
| *509–536* | *Gespräch zwischen Adam und Eve mit einer Anspielung darauf, dass Adam den Krug zerbrochen hat, sowie dem Hinweis darauf, dass er ein Attest für Ruprecht bereithalten würde.* |
| *537–573* | *Adam wird von Walter wegen des Privatgesprächs mit Prozessbeteiligten zurechtgewiesen und flüchtet sich in Ausreden. Adam fragt, wie er den Prozess führen solle.* |
| *574–638* | *Disput zwischen Walter und Adam ob der Art der Gerichtsführung: Adam übertreibt alle Vorgaben Walters, um den Prozess zu verzögern oder zu unterbrechen, was diesem missfällt.* |
| *639–732* | *Frau Marthe führt ausführlich unter Rückgriff auf historische Ereignisse und die Bebilderung des Kruges dessen Bedeutung aus.* |
| *732–780* | *Frau Marthe schildert den Hergang des gestrigen Abends aus ihrer Sicht: Sie sei von Männerstimmen im Zimmer ihrer Tochter erwacht und dorthin gegangen. Dort habe sie den Krug zerbrochen im Zimmer gesehen, Ruprecht Eve beschimpfend in der Zimmermitte und aussagend, dass ein anderer Mann den Krug zerbrochen habe, woraufhin sie Eve befragt habe, die ihr geschworen habe, dass Ruprecht es gewesen sei.* |
| *781–844* | *Eve widerspricht ihrer Mutter unter Einmischung von Adam und Ruprecht. Walter äußert einen ersten Verdacht auf die Schuld Adams.* |
| *845–1045* | *Ruprecht schildert, unter ständiger Unterbrechung durch Adam, den Fall aus seiner Sicht: Er wollte an diesem warmen Januarabend zwischen 22 und 23 Uhr Eve im Garten besuchen, sah diese jedoch mit einem anderen Mann ins Haus gehen, den er als Lebrecht, den Flickschuster, vermutet. Er lief den beiden nach und brach die Tür von Eves Zimmer auf, da diese versperrt war, und erblickte den hinunterstürzenden Krug sowie eine Person, die aus dem Fenster floh. Ruprecht zog dieser die Türklinke, die ihm in der Hand geblieben war, über den Kopf. Ruprecht wollte dem Fliehenden nachsetzen, doch dieser warf ihm von unten Sand in die Augen. Unterbrochen wird er immer wieder von Adam, der u. a. die Schuld Lebrechts bestätigen möchte.* |
| *1046–1069* | *Adam versucht ohne Erfolg abzuwenden, dass Eve in den Zeugenstand gerufen wird.* |

Lösungshinweise zu ARBEITSBLATT 6 (➤ S. 52 f.) (Seite 2 von 2)

**Arbeitsauftrag 2**

| Rhetorisches Mittel | Textstelle als Zitat mit Versangabe | Hypothese zur Wirkung |
|---|---|---|
| *Anrede* | *»ihr wertgeschätzten Herren« (644)* | *hier: Versuch, die »Herren« für sich einzunehmen* |
| *Rhetorische Frage* | *»Seht ihr den Krug?« (644 f.), »Was ihm geschehen?« (723)* | *Aufmerksamkeit auf den Krug lenken* |
| *Repetitio* | *»Seht ihr den Krug, […] / Seht ihr den Krug?« (644 f.)* | *Aussage verstärken* |
| *Hyperbel* | *»Der Krüge schönster« (647)* | *Bedeutung des Kruges hervorheben, komisch* |
| *Klimax* | *»Der trank zu dreimal nur, der Nüchterne / […] Das erste Mal […], / […] drei Jahre drauf […] / Und als sie jetzt noch funfzehn Kinder zeugte, / Trank er zum dritten Male, als sie starb.« (689–695)* | *komische Wirkung Besonderheit des Kruges verdeutlichen* |
| *Metapher* | *»Mir noch zehn Arme wüchsen« (760)* | *steht für: Kräfte verstärken* |
| *Antiklimax* | *»Seht ihr den Krug? […] Nichts seht ihr, […], die Scherben seht ihr« (645 ff.)* | *komische Wirkung* |
| *Bild* | *»Hier grade auf dem Loch, wo jetzo nichts, / Sind die gesamten niederländischen Provinzen / Dem span'schen Philipp übergeben worden« (648 ff.)* | *hier komische Wirkung, da das Beschriebene gerade nicht zu sehen ist* |
| *Antithese* | *»Hier grade auf dem Loch, wo jetzo nichts, / Sind die gesamten niederländischen Provinzen« (648 ff.)*<br>*»Uns geht das Loch – nichts die Provinzen an, / Die darauf übergeben worden sind« (677 f.)* | *komische Wirkung, s. o.* |
| *Akkumulation* | *»Hier grade auf dem Loch […] / Hier guckt noch ein Neugierger aus dem Fenster: Doch was er jetzo sieht, das weiß ich nicht« (648–673)* | *Vielzahl nicht mehr zu sehender Bilder = komische Wirkung* |
| *Ausruf* | *»Erlaubt!« (679)* | *hier: Widerspruch gegen Adam* |
| *Anapher* | *»Nichts ist dem Krug, […] Nichts Anno sechsundsechzig ihm geschehen« (724 f.)*<br>*»ganz blieb der Krug, ganz in der Flammen Mitte« (726)* | *Verstärkung der Aussage, dass der Krug schon sehr Schlimmes überstanden hatte* |
| *Vergleich* | *»Als ob der Feind einbräche« (748)* | *Steigerung der Dramatik (Vergleich mit Teufel)* |
| *Symbol* | *»Den Krug hat jener Schlingel mir zerbrochen« (737)* | *Zeichen für die Zerstörung von Eves Unschuld* |
| *Ellipse* | *»Zu Bett –? Ihr wollt –? Ich glaub, Ihr seid verrückt.« (516)* | *Fassungslosigkeit, Steigerung* |

**Lösungshinweise zu** ARBEITSBLATT 7a (> S. 59 f.)

**Arbeitsauftrag 1**

*Die Verse 1352 bis 1372 aus Heinrich von Kleists Lustspiel »Der zerbrochne Krug« beschreiben ein Konfliktgespräch zwischen Veit Tümpel und seinem Sohn Ruprecht während eines Gerichtsprozesses. Vorausgegangen ist der Auseinandersetzung eine Anschuldigung von Frau Marthe Rull, die vermutet, dass Ruprecht mit ihrer Tochter Eve geschlafen habe und vor dem Militärdienst fliehen wollte. Dabei habe er den Krug zerschlagen, dessen Zerstörung Gegenstand des Prozesses ist. Dorfrichter Adam, dem das in die Karten spielt, übernimmt und unterstützt den Vorwurf nachdrücklich.*

*Schimpfworte Veits gegenüber seinem Sohn Ruprecht, verbunden mit rhetorisch gemeinten Fragen, beginnen den konfliktträchtigen Dialog: »Hör, du verfluchter Schlingel, du, was machst du?« (1352) Eine Drohung folgt: »Dir brech ich alle Knochen noch« (1353). Damit beschwört Veit schnell eine Konfliktsituation herauf. Statt den Sohn in Ruhe zu befragen, geht er wie selbstverständlich von dessen Schuld aus.*

*Ruprecht weiß nicht, wie ihm geschieht, und fragt nach dem Grund für den Zorn des Vaters: »Weshalb auch?« (1353) Diese von Ruprecht sicherlich ehrlich gemeinte Nachfrage nach Veits Gründen für seine Wut scheint diesen jedoch eher anzustacheln.*

*Der Vater macht den Verlust seines Vertrauens in den Sohn durch das vermutete Verschweigen Ruprechts deutlich mit der wiederholten Frage »Warum verschwiegst du['s]?« (1354, 1356), die Ruprecht in einer Repetitio ungläubig nochmals aufgreift (1356). In der rhetorischen Form einer Hyperbel bezeugt Ruprecht den Wahrheitsgehalt seiner Aussage anschaulich, indem er vorschlägt, sich und Frau Brigitte, die Zeugin, aufzuhängen, sollte sich seine Aussage als Lüge herausstellen (1358 f.).*

*Trotz dieser Hyperbel glaubt ihm sein Vater nicht und droht mit dem Ausruf »Nimm dich in Acht!« Konsequenzen an. Mit den Metaphern »Du und die saubre Jungfer Eve dort, […] / ihr steckt / Doch unter einer Decke noch« (1361 ff.) verdeutlicht er, dass er ein Komplott vermutet und dass er nicht mehr an die ›Sauberkeit‹, also die Unschuld Eves sowie deren Vertrauenswürdigkeit, glaubt. Die Metapher ›unter einer Decke stecken‹ kann hier zugleich wörtlich genommen werden: Angedeutet wird, dass die beiden miteinander geschlafen haben.*

*Ruprecht antwortet, typisch für einen Streit, mit einem Ausruf – wieder als Repetitio auf Veits Vorlage: »Geheimnis!« sowie mit der Frage »Welches?« (1366). Er scheint von den Anschuldigungen überrumpelt, was deutlich wird aus dem fassungslosen Ausruf und der folgenden Frage nach den Hintergründen.*

*Veit jedoch kann sich auf die Frage nicht einlassen, sondern stellt statt einer Antwort die wiederholte Gegenfrage: »Warum hast du [gestern Abend] eingepackt?« (1366 f.). Auf Nachfrage Ruprechts präzisiert er in einer Akkumulation, was Ruprecht gepackt hat, nämlich »Röcke, Hosen, ja, und Wäsche« (1367).*

*Zornig antwortet Ruprecht in einer Anapher im Ausruf und folgendem Schimpfwort: »Weil ich nach Utrecht soll! Weil ich zum Regiment soll! Himmel-Donner –!« (1370 f.). Eine Ellipse zeigt seine Fassungslosigkeit ob der Unterstellung des Vaters: »Glaubt Er, dass ich –?« (1372).*

*Kleist zeichnet die Sprache seiner Figuren an dieser Stelle konflikttypisch: Neben Beschuldigungen sind häufige Fragen, Wiederholungen sowie Ausrufe und das fehlende Aufeinandereingehen im Konfliktgespräch zwischen Veit und seinem Sohn Ruprecht bestimmend für die Dialogstruktur.*